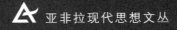 **亚非拉现代思想文丛**

DEFINE AND RULE

NATIVE AS POLITICAL IDENTITY

Mahmood Mamdani

界而治之

原住民作为政治身份

（乌干达）马哈茂德·马姆达尼 著　　田立年 译

人民出版社

目　录

总　序

陈光兴　高士明

　　中文世界与亚非拉各地同属曾经的"第三世界"，共同分享着诸多历史经验：现代与革命、反帝与反殖民、民族主义与国际主义、帝国与冷战、后发资本与威权统治、饥荒与难民、分断与离散……六十年前，这些历史经验所带来的迫切压力曾把我们团结在一起。近四十年来，我们与亚非拉各地之间，却逐渐丧失了切身理解与更为积极的互动，无法建立起更为多元的参照，以丰富我们的自我认知。

二十世纪八十年代末期，随着全球冷战的逐渐式微，我们承继前辈们筚路蓝缕的工作，试图在亚洲邻近地区（南亚、东南亚、东北亚），将分散的思想界重新联结起来，克服殖民、帝国与冷战所造成的多重分化与阻隔，寻求新的团结与连带之可能。通过《亚际文化研究》(Inter-Asia Cultural Studies: Movements) 国际刊物近二十年的运作，我们在小范围内慢慢搭建起一个松散的知识网络，以学术讲座、会议、暑期班等形式，推动持续性的思想分享和知识积累。2006 年，东亚批判刊物会议正式启动，这是第一个亚洲批判知识分子的思想联动平台。2010 年我们更进一步启动"西天中土"计划，推动印度与中国之间的社会思想对话。两年后，我们发起"亚洲现代思想"计划，将亚洲各地一起工作的知识机构连接起来，成立亚洲思想界连带组织"亚际书院"。

2015 年，适逢万隆会议六十周年，亚际同仁们共同推动了"万隆／第三世界六十年"系列论坛，将亚非拉的思想家们聚集在一起，循着历史的轨迹，梳理过去六十年间世界文化格局的更迭变幻。审视六十年来风云变幻、波澜壮阔的历史，我们看到：在新殖民／冷战／资本全球化等多重历史动力的作用下，在当年的"第三世界"框架中，新的发展模式和历史动力正在形成。放眼当下，"金砖五国"已成为世界经济的重要发动机；而印度尼西亚，这个当年万隆会议的召开之地，已然位列东南亚地区经济发展的第一线。前／殖民地以及前／第三世界的许多国家和地区都已步入了全球化经济浪潮的前端。传统的东／西、南／北、发达国家／发展中国家的分野，在新的国际发展形势下正变得越来越难以为继，而中国正以"一带一路"为中心，与欧亚非各国共同探索新的国际合作和协同发展模式。

这一切为我们开启了一次由历史纵深回头眺望的契机，更重要的是，这让我们体会到，当年的"亚非拉"想象在思想连带与知识互动的层面上并未充分展开。被冷战分割的中文世界，其知识生产依然局限在"中西"二元结构之中，甚或沉溺于内部的割裂感与情绪性感伤中，依然缺乏在世界史层面进行自我理解的多元参照体系。这是我们发起"亚非拉现代思想文丛"的根本缘由。

本丛书希望向中文读者介绍一批具有世界影响力的亚非拉学者们近年来的思想成果。丛书作者中既有中文读者熟悉的新马克思主义南方旗手萨米尔·阿明（Samir Amin），也有刚刚进入中文学界视野的印度思想家阿希斯·南地（Ashis Nandy）和国际发展经济学的推动者卓莫·夸梅·桑达拉姆（Jomo Kwame Sundaram），还包括初次引介的非洲社会研究发展委员会（CODES-RIA）前主席萨姆·莫约（Sam Moyo），以及现代性智识的去殖民批判者、全球百名知识分子中位列第九的马哈茂德·马姆达尼（Mahmood Mamdani）。这些作者们将与我们分享他们半个世纪以来在各自历史现场中累积起的思想经验，带我们重新认知亚非拉的思想遗产以及它在当代的现实意义，重新探究"第三世界"文化在新世纪语境中的思想变化；从这些累积和变化中发展出多异的思想模式与知识系统，来直面今日政治状况和生活世界的纠结繁复，并对之做出多层次的解释。

在与这些思想者的交流中，我们感受到他们对中国的善意与期待，他们期待中国的和平崛起能够为世界的多元发展开辟一条另类道路，在冷战之后的世界史脉络中寻找到国际团结的新形式，在全球新语境中为"亚非拉"找到重新奠基的土壤。

我们期待着以这套丛书为契机，系统梳理亚非拉各地重要的思想资源，持续探索这些思想资源为中文世界带来的新转机、新想象以及新的思维模式，进一步构建一种与民众生活和现实经验紧密相连的多重异次元世界观，让世界走向更平等、更互重、更和平、更公正的大道。期待中文学界给予本书系持续的关注、鼓励与批评。

2016 年 8 月

中文版前言

　　本书围绕三个基本观念展开。第一个观念是，标志大英帝国在十九世纪下半叶陷入危机的三个重大事件，即1857年印度起义，1865年牙买加莫兰特湾暴动，以及1881—1898年苏丹马赫迪运动，引发了一个学习过程。从这一连串的挫折中能学到些什么？作为英国法律人类学家，同时也是后1857年总督府法律委员会的成员，亨利·梅因（Henry Maine）在其著作中对此做出了总结。梅因认为，英国在印度之所以失败，主要是由于一种"认识上"的错误：自由主义者在殖民地傲慢自大，未能足够尊重"习俗"和"习俗权威"，而揆之于历史，要在印度农村地区维持稳定秩序，这种尊重至关重要，不可缺少。可惜，他们却反其道而行之，用"文明化使命"来反对习俗，并因而危及了秩序。

第二个观念是，殖民地治理模式随后从"直接统治"转变为"间接统治"。所谓"直接统治"，是大英帝国权力机构为一种野心勃勃的同化主义工程所起的名字，这种工程力图创造一个西化的中产阶级作为殖民统治的中介。在"文明化使命"的旗帜下，这种做法在他们看来是天经地义的。"间接统治"则承认同化主义工程的失败。这种新的统治形式不再致力于改造传统社会，而是改弦更张，以保护"传统"为己任，方法是支持各级"传统统治者"，让他们成为在殖民当局主持下被作为"习俗法"而加以推行的"习俗"的监护人。

第三个观念是对"习俗性"概念及其在后殖民时期所翼护的权力的批判。所以这是一种理论和政治的双重批判。理论批判由新型民族主义知识分子操刀。我以尼日利亚历史学家乌斯曼（**Yusufu Bala Usman**）作为这种知识分子的例子。在乌斯曼那里，传统被历史化，从而

也就被"解神圣化"了。而政治批判，即对于
殖民主义奉之为"传统"、因此制度性地将其
与"现代"隔离开来的权力的批判，则是主张
民族主义的政治阶级的成就。在这方面，我愿
以坦桑尼亚的尼雷尔"导师"为例。尼雷尔试
图创造一种单一的、统一的公民身份，而其途
径是：铲除存在于"习俗"权力和"现代"权
力之间的行政的、法律的和政治的区分。

英文版前言

　　本书灵感来源有二：其一是我在 2007 年阅读了杜波伊斯（W. E. B. Du. Bois）的《世界与非洲》。[①] 我认识到，杜波伊斯不是简单地就非洲而论非洲，而是将非洲置于世界历史的语境中。换言之，他立足非洲而放眼世界。其二是埃希特（Andreas Eshete）教授曾向我提出的一个问题。当时他是亚的斯亚贝巴大学（Addis Ababa University）的副校长。他在我关于英国间接统治的一次讲座后提问：这种间

---

　　① 杜波伊斯的《世界与非洲》的"导言"，见 W. E. B. Du Bois, *The World and Africa*[《世界与非洲》]（The Oxford W. E. B. Du Bois Series. Henry Louis Gates, Jr., ed., New York: Oxford University Press，2007）。

接统治与历史上各帝国的做法有何区别？我的
回答漫长并有些缠绕——也许正因为如此，当
我结束回答的时候，我明确地感觉到，这个问
题还有待进一步的认真思考。

本书的焦点是"间接统治国家"（the in-
direct rule state）。在我看来，间接统治国家是
殖民地背景下（a colonial setting）一种典型的
现代统治形式。间接统治，与往日西方各帝
国实行的诸多统治形式，包括罗马人和英国
人在十九世纪中期之前的"直接统治"（direct
rule），法国人在二十世纪初转向"关联"（as-
sociation）统治之前的"同化"（assimilation）
统治，有两个重要区别。首先，以往各帝国专
注于被征服的精英人士而非被殖民的大众。其
次，各帝国致力于通过在文化上以及有时在政
治上同化殖民地精英的政策来消除差异，而间
接统治则宣称，不仅要承认差异，而且要塑造
差异。

差异管理（the management of difference）
是现代社会研究中不可触碰的圣牛，一如其
为现代治国术之核心。从急于同化（a homog-

enizing impulse）转向耽于对差异进行界定和管理，这一转变最明显的体现是从直接统治到间接统治的过渡。我认为，正是在间接统治的殖民制度下，差异界定和管理发展起来，被视为治理（governance）之精髓。现代民主国家与其殖民地政权之间的差别在于：现代国家在承认市民社会（civil society）中的差异的同时，保证政治社会（political society）中的平等公民权（citizenship），而在其殖民地政权下，无论政治中的还是社会中的差异都被一同制度化了（institutionalized）。

在实行间接殖民统治之国家，通行做法是将公民权限于移住民（the settler）。我认为，作为一种政治身份，"原住民"（native）乃是某些知识分子在帝国遇到危机时创造出来的东西。其中关键人物是反思大英帝国"后1857印度危机"（the post-1857 crisis）的梅因爵士（Sir Henry Maine）。但是，除梅因之外，还有其他一些人同样不能不提，例如赫格隆（Christiaan Snouck Hurgronje），他的反思对象是荷兰帝国在东印度群岛亚齐省的施政举措（the

Dutch imperial project in Aceh)。与人们通常以为的不同，"原住民"并非指称一种原初和真实的存在状态。相反，正如我们在梅因那里看到的，"原住民"是殖民国家创造出来的：在被殖民的状态下，原住民被定位，被地方化（localized），被文明遗弃和成为被遗弃者，被限制在习俗之内，然后又被界定为这种习俗的产物。

在间接统治下，原住民治理为原住民权力机构（native authority）之特权。作为一种治理形式，原住民行政（native administration）宣称忠于传统和习俗，并将这种传统和习俗界定为单数，仿佛自从遥远的年代起它就已经基本定型了，历久而弥真。无论其各种地方变异形式如何，一套核心规则到处都在起作用。这套核心规则界定了在实行间接统治的各殖民地什么才是"习俗的"（customary）。它作为黄金本位而起作用。这套规则涉及土地和治理。殖民地的全部土地被分割为一块一块的乡土（homelands），每一块乡土代表一个指定原住民部落（a designated native tribe）的家乡

(home)。只有那些被官方命名为原住民的人才可以要求在部落乡土（the tribal homeland）上拥有土地之权利。由此导致的结果是，参与公共事务不再是生活在这片土地上的所有人的权利；相反，这种权利变成了为被认为排外地属于这片乡土的原住民保留的权利。殖民统治下的特权采取两种形式：种族的和部落的。二者皆以得到法律认可的差异为其根据，二者同样也都反过来又被看作是这种差异的证明。移住民世界主义（settler cosmopolitanism）被宣称为种族差异的产物，而原住民特殊主义（native particularism）则被说成是反映了部落的本真性（authenticity）。

反殖民民族主义（anticolonial nationalism）是被强力推行的差异的解毒剂；它凸显出我们的共同人性。但是，一旦谈到民族主义行动方案（the nationalist project），人们就开始莫衷一是了。一些人力图将移住民（the settler）和原住民的世界颠倒过来；另外一些人则决心要改变这个世界，以便最后无论移住民还是原住民都停止作为政治身份（political identities）继续存在。一个移住民何时才会变成一个原住民？ ① 我在 1998 年开普敦大学就职演讲中提出这一问题并予以回答：一个移住民永远都不会变成一个原住民。对于移住民和原住民唯一可能的解放在于，两者都停止作为政治身份存在。

移住民和原住民共生：如果没有原住民，也就无所谓移住民，反之亦然。要么一起再生产二者，要么一起废除二者。导致它们成为政治身份的是一种在法律上将移住民与原住民区别开来的国家形态，它时而致力于为移住民张目，时而致力于为原住民声索权利。改革这一国家形态，改写支撑殖民政治规划的编史(historiography)，并在这个过程中将"传统"历史化以便重新获得传统，乃是殖民地独立后所面临的政治挑战。

---

① Mahmood Mamdani, *When Does a Settler Become a Native? Reflections on the Colonial Roots of Citizenship in Equatorial and South Africa*[《一个移住民何时才会变成一个原住民?》]（Inaugural Lecture, May13, 1998 University of Cape Town, New Series No. 208）.

本书第一章讨论间接统治模式的发轫阶段。这种统治模式之出现，既是帝国最具原创性思想家之一——梅因爵士对十九世纪中期帝国所面临危机的知识性反思的结果，同时也是旨在在英属印度、马来半岛殖民地以及荷属东印度缓和这种危机的一系列殖民统治改革的结果。第二章思考非洲各殖民地国家的"间接统治"。我特别讨论了这种间接统治中的一个：帝国的另一次主要危机即马赫迪运动（Mahdi-yya）之后苏丹殖民地所呈现出的样态。最后一章转向这一进程的反题：脱殖民化运动（the movement for decolonization），包括它的精神的以及政治的维度。我将首先讨论尼日利亚历史学家乌斯曼（Yusuf Bala Usman）与梅因一样深具开创性的贡献；在我看来，乌斯曼提供了殖民地编史（colonial historiographies）的精神解毒剂。然后，我将讨论"尼雷尔导师"（Mwalimu Julius Nyerere）的治国术，他的开拓性改革不仅有效地使间接统治国家脱殖民化，而且在这样做时，为我们提供了不同于列宁主义之"打碎"国家观点的非暴力道路。与此同时，这些改革也在建国事业（the nation-building project）与民主和社会正义事业之间制造了一种分裂。但是，关于这个问题，在这本书中，我们只能暂且按下而俟诸方长未来之思。

第一章　原住民主义：理　论

——梅因爵士与后 1857 年帝国危机

在十九世纪中期的殖民统治危机过后，一种新型殖民地治理术（colonial governmentality）应运而生。在对危机做出回应的理论家中，梅因爵士首屈一指，独占鳌头。梅因力图辨认被殖民者的历史性和被殖民者的主体（the agency of the colonized），以便在一个更为坚实的基础上重新思考和建构殖民统治方案。通过一种历史理论和一种法律理论，他将西方与非西方、普遍文明与地方习俗区分开来。在这个过程中，梅因将移住民（the settler）与原住民（the native）加以区分，提供了原住民主义（nativism）的基本原理：移住民是现代的，原住民则不是；界定移住民的是历史，而界定原住民的是地理；立法和制裁界定现代政治社会，习惯性服从界定原住民社会。持续的进步是移住民文明的标志，而原住民习俗只能被看作是自然的组成成分，是固定和没有变化的。"原住民"是处于危机中的帝国的各位理论家发明创造出来的。

梅因在后哗变时期的印度担任总督内阁的法律顾问。他的著作成了印度局（India Service），以及事实上也成了殖民地局（Colonial Service）培训官员的必读读物。从印度的莱尔（Alfred Lyall）到马来半岛的瑞天咸（Frank Swettenham），纳塔尔的谢普斯通（Theophilus Shepstone），埃及的克莱默勋爵（Lord Cromer），尼日利亚和乌干达的卢吉（Frederick Lugard），苏丹的麦克迈克尔（Harold MacMichael），坦噶尼喀的卡梅隆（Donald Cameron），帝国各殖民地行政长官都将梅因——特别是在他那声名远播的文本《古代法》中——用来组织他的论点的假设付诸政策实践。由此，一种统治模式应运而生，这种统治模式得到了一系列制度的支撑——一种种族化和部落化的编史，在民法和习俗法（civil and customary law）之间的一种二元区分，以及一种将原住民人口（the native population）分门别类地归并为众多"自然"群体的相应的人口调查程序。在这种模式于二十世纪初期被移植到非洲各殖民地之后，"习俗性"行政权力机构（the "customary" administrative authority）将每一个单位（"部落乡土"）中的人口都划分为原住民和移民（migrants），只是这一次两者都被族群化（ethnicized）而非种族化了，并采取赋予原住民族群以特别权利而对移民族群实行差别对待的习俗法。被排除在种族化的权利范围之外，原住民的主体性（the agency of the native）被一种历史理论所形塑，被殖民地法律体系所运作，并被殖民地行政实践以之为鹄的。在殖民权力和学术研究的培育下，这一主体性被说成是部落性的。部落主义（tribalism）是物化的族群主义（reified ethnicity）。这是被束缚于某一特定乡土的文化，是被固定下来的文化，是政治化了的文化，所以它不会变动。

这种统治模式的建造者宣称，该模式仅仅是针对资源匮乏状态的一种实践性应对，适用于只有一种表面影响力的弱国家（a weak state），并因此称其为"间接统治"。在我看来，事实与此相反。确实，统治的语言是仁慈的：不仅在印度，而且在马来半岛国家和荷属印度尼西亚，到了十九世纪末，后 1857 年印度的"不干涉"语言都已进化为"保护"的语言。在被移植到二十世纪的非洲时，这一统治模式宣称它将通过间接统治而保存习俗和传统。但是，间接统治国家却并非一种弱国家。相反，与此前的直接统治时代不同，间接统治国家的抱负是巨大的：塑造殖民地全体人民而非仅仅是他们的精英人士的主体性（subjectivities）。

从直接统治转向间接统治

十九世纪下半叶，帝国在两端——即印度和牙买加都处于危机之中，以 1857 年印度起义——即所谓的印兵哗变（Sepoy Mutiny）——为起点，而以 1865 年牙买加莫兰特湾叛乱（Morant Bay）为终端。这些变化最终导致一场使命危机（a crisis of mission）和正当性危机。在危机过后的反思中，殖民使命被重新加以界定——从文明变为保存，从进步变为秩序。

从 1757 年到 1857 年间，南亚大陆的三分之二都已被置于东印度公司的统治之下，无论是直接作为臣民被统治，还是通过保护性监管下的邦主而间接被统治。功利主义和新教路线的主要纲领，在 1850 年之前昭昭朗朗，毋庸置疑：废黜莫卧儿王朝，在印度推行英国法律和技术——同时还有基督教。但是，到了 1857 年，孟加拉军队中 139000 名印度兵(sepoys)，除了其中 7796 名以外，群起反抗他们的英国主人。①以自由派功利主义者和基督教新教徒为先锋的文明化使命遭

① Irfan Habib, "The Coming of 1857", *Social Scientist*[《社会科学家》], vol.26,no. 1 (Jan.- April, 1998); cited in William Dalrymple, *The Last Mughal* [《末代莫卧儿王朝》] (London: Bloomsbury, 2006), p.10.

遇挫折。原因何在？按照梅因的说法，罪魁祸首是一种分析错误，是未能理解"原住民印度人的宗教和社会信仰。"梅因论证说，由于过去对于这一"巨大"主题的考察是如此"浮皮潦草"，因此他才"坚持认为某些准确观念是必须的，以及坚持认为，有关认识错误导致了印兵哗变是一个事实"①。

这种"知识缺陷"（defect of knowledge）何谓？这种缺陷是两重的。首先是过于依赖梵文文本而低估日常实践的重要性："再没有什么比神圣的婆罗门文献更能让人对于现实中的婆罗门宗教产生一种错误印象了。在其自我描述中，婆罗门教是一种有组织的宗教体系，但是，该宗教的真正独特之处以及（我或许可以补充说）其主要优势，却端在于它不具有任何组织。"②梅因力主转移关注重心，希望不再像东

---

① Henry Sumner Maine, "India", in Humphrey Ward, ed., *The Reign of Queen Victoria: A Survey of Fifty Years of Progress* [《维多利亚女王的统治：50 年进步史综述》]，474,478; also cited in Karuna Mantena, *Alibis of Empire: Henry Maine and the Ends of Liberal Imperialism* [《帝国之不在场证明：亨利·梅因和自由帝国主义的终结》]（Princeton: Princeton University Press, 2010），p.50.

② Maine, "The Effects of Observation of India on Modern European Thought", in Maine, *Village Communities in the East and West, with Other Lectures, Addresses and Essays* [《东方和西方的村社》]，3rd ed.（London: John Murray），pp.216-217.

方学家那样痴迷于文本，而是转向关注日常生活。梅因认为，原住民制度（native institutions）的逻辑只能求之于地方习俗和传统之中。但是，问题在于，当东方学家最后终于开始试图理解日常生活时，他们又错误地聚焦于都市化和世界主义的海滨，而非更为乡村和传统的内陆腹地，而这仅仅是因为前者有舟车之利，容易到达，而后者更为偏僻。作为例子，梅因援引瑞纳神父（Abbe Raynal）广有影响的《欧洲在两个印度居住和经商的政治和哲学史》（Histoire Philosophique des deux Indes），以及援引狄德罗，援引十八世纪法国对于印度的哲学解释。此外还有在影响上略逊一筹的某些英文作品，诸如巴克尔先生（Mr. Buckle）的《文明史》（History of Civilisation），也为梅因所引用。梅因认为，这些作者未能理解"直到航海时代的探险才被打开的乡村的极端与世隔绝"，因此未能看到，"所有伟大的雅利安事物，诸种族中最伟大种族的遗产的主要部分，在印度才比在任何其他地方都要来得古老"。①

　　关于印度历史性的与世隔绝，梅因给出两个理由。第

---

　　① Maine, "The Effects of Observation of India on Modern European Thought", in Maine, Village Communities in the East and West, with Other Lectures, Addresses and Essays[《东方和西方的村社》], 3rd ed. (London: John Murray), p.211.

一个是地理的："由于只能从陆路而非海路到达，所以在地球上再没有哪块地方比这儿更难以深入，不为人知"。第二个"强有力的保护因素是宗教和种姓的影响"。一方面，地理上的与世隔绝导致外部影响的缺乏；另一方面，梅因认为，种姓和宗教则是内部变化如此匮乏的原因："就其实际情形来说，婆罗门教基本上是一种折衷的宗教……因此，婆罗门教不是摧毁而是保存了古老的信仰和崇拜，以及连带保存了其中很多信仰和崇拜予以神圣化和巩固的制度。毫无疑问，中部印度因此再现了基督教所摧毁的古老的异教世界……因此，几乎很少得到法律保护的古代实践和习俗，每每在宗教的羽翼下受到了庇护。"[1] 确实，梅因认为，"原始的雅利安群体，原始的雅利安制度，原始的雅利安观念，在印度被真实地留存在一个早期发展阶段上了"，以至于甚至可以说，"古代欧洲的许多东西在印度幸存下来了"。[2]

　　梅因继续以尽可能最强烈的反差描述沿海和内陆的对

---

[1]　Maine, "The Effects of Observation of India on Modern European Thought", in Maine, Village Communities in the East and West, with Other Lectures, Addresses and Essays[《东方和西方的村社》], 3rd ed. (London: John Murray), pp.211, 216, 217, 218.

[2]　Ibid., pp.220, 224.

比，仿佛二者相距遥远，一在天之涯，一在地之角。他坚决认为，根据沿海的情况而对整个印度进行概括是错误的："因为正是在沿海各城市及其邻近城市中，在英国人的影响下，知识的渴望、思想潮流以及时尚等对印度来说前所未有的东西才如雨后春笋一样成长起来。在这些地方，你可以看到大学林立，就像晚期中世纪的众多欧洲学校。在这些地方，你可以看到研究西方文学和科学的热情，与文艺复兴时期欧洲学者们的热情不相上下。从印度的这个部分中，产生了原住民种族（the native race）中那些最令人感兴趣的样本，他们三天两头地访问这个国家［英国］；但是他们是沿海地区的产物，根据他们来对遍布印度巨大腹地的千千万万人民进行概括，再也没有比这更离谱的了。" ①

梅因敦促读者跨过"存在于印度沿海某些地区的英国文明的边疆"，"深入这片巨大的内陆区域"，并宣布："毫无疑问，在那里，人们所能看到的社会状态只能被称为野蛮状态（Barbarism），只要我们摆脱该词通常所带来的负面的联

---

① Maine, "The Effects of Observation of India on Modern European Thought", in Maine, Village Communities in the East and West, with Other Lectures, Addresses and Essays[《东方和西方的村社》], 3rd ed. (London: John Murray), pp.214.

想就行"。被欧洲知识阶层所忽视，这个印度却"在大量报告中……被英国公务人员从行政角度最仔细地加以观察和描述。"因此，梅因总结说："毫无疑问，这是真正的印度，其野蛮状态（如果我只能使用这个词的话）不为人觉察地消失在不列颠的各个领地中，最后在沿海地区收起其最后的踪迹，而我们的文明从此就开始仿佛浮现在一面镜子中。"①可怜的功利主义者，他们完全不知道这个"真正的印度"，因而得出结论说，"印度人需要的只是可以把他们转变成英国人的寄宿学校和师范学校而已"。②

世界化沿海和偏僻内陆的对比，被梅因描述为受到外来影响的不纯洁沿海，与由于地处偏僻而受到保护并从而免于受到同样影响的纯洁内陆之间的对比。对于自从罗马时代以来就对外来影响敞开的英国沿海地区的历史，这同一位观察者——梅因，惯常会将其叙述为一个进步的故事。但他现在却戴着有色眼镜看待冲击印度沿海的外部影响。

梅因不仅为间接统治奠定了概念基础和提供了思想上的

---

① Maine, "The Effects of Observation of India on Modern European Thought", in Maine, *Village Communities in the East and West, with Other Lectures, Addresses and Essays*[《东方和西方的村社》], 3rd ed. (London: John Murray), pp.215, 216.

② Ibid., p.215.

证明。他还要求设立一门新的比较科学，一门他称之为比较法学（comparative jurisprudence）的科学。1875 年，在剑桥大学里德讲座上，梅因这样说："印度已经为世界提供了比较语言学和比较神话学；它还可以为我们提供一门新科学，而与语言科学研究和民间传说科学研究相比，这门科学的价值毫不逊色。称这一科学为比较法学，对此我是不无踌躇的，因为这门科学一旦建立起来的话，那么它的领域是要远远超过法律领域的。"①

梅因要求以更切近和更在地的方式理解原住民社会（native society），特别是以更切近和更在地的方式理解他标识为宗教和种姓的那些制度。在这样做时，他对比"真正的印度"和东方学家们由于信奉"婆罗门理论"而在头脑中想象出来的印度。梅因宣称，原住民依赖于地方习俗，而非普遍观念或理想，并主张，应该将种姓理解为在当地生活中活生生的东西，理解为 jati[行当]，而非像东方学家们那样，用普遍性的语言将其理解为 warna[阶级]。梅因在牛津大学对他的听众说："我知道，在这里，人们通常

---

① Maine, "The Effects of Observation of India on Modern European Thought", in Maine, Village Communities in the East and West, with Other Lectures, Addresses and Essays[《东方和西方的村社》], 3rd ed. (London: John Murray), p.210.

的印象是，印度人大体上被分成组成社会的许多阶层，每一个阶层代表一个种姓。这完全是个错误。婆罗门教关于种姓的理论，除了对两个最高种姓来说，是否什么时候正确过，这是极端可疑的；事情甚至很可能是，它在现代比在古代的某个时候，被赋予了更大的重要性。真实的印度包括一个由教士构成的种姓，这一种姓在一种确定的、虽然是非常有限的意义上是所有种姓中最高的种姓。此外也确实存在着某些王室家族，以及许多部落、村社和行业协会（guilds），它们甚至在我们生活的今天仍然提出主张，认为自己属于被婆罗门作者所承认的各种姓中的第二或第三种姓，但在许多可靠的权威人士看来，这种要求极端可疑。除此之外，种姓就仅仅是用来称呼行业或职业的一个名称了，而婆罗门理论的唯一可直接感觉到的后果是，它为某种本来原始和自然的阶级分布创造了一种宗教批准（a religious sanction）。”①

随着梅因对"本土"（the local）的理论概括的深入，他越来越更多地将原住民封闭在一个与世隔绝的概念世界中，通过一种二分法而将其与移住民的世界隔绝开来：进步性社

---

① Maine, *Village Communities in the East and West, with Other Lectures, Addresses and Essays*, pp.56-57.

会和静止性社会（progressive and stationary societies）。将现代看作是与传统的尖锐断裂，这当然不是梅因的专利。在十九世纪，有关非欧洲世界的历史学和人类学研究爆炸性地增长起来，最后导致了社会理论（古典社会学）和进化人类学的发展。① 从这一思想酵母中，产生了滕尼斯（Ferdinand de Tonnies）的社会理论，其关键是共同体（Gemeinschaft）和结合体（Gesellschaft［或社会］）的对比，以及涂尔干（Emile Durkheim）的社会理论，该理论以机械的团结和有机的团结之间的区别为核心。梅因则强调了一种不同的二分法，这种二分法将西方与他有时称之为东方的非西方截然区别开来。

如果说在西方，社会领域（the social）变成了理解社会的本质和动力的得天独厚的理论舞台，这一特殊优势在非西方却被给予了文化领域（the domain of culture）。这样一来，我们就看到了一种二分文化概念：文化在非西方被说成了一种封闭的、孤立的和不变的东西，与西方那种改变性文化正

---

① Dante J. Scala, "Introduction" to Henry Sumner Maine, *Ancient Law* ［《古代法》］（first published 1866），New Brunswick and London:Transaction Publishers, 2004），viii; see Mantena, *Alibis of Empire,* p.14.【译按】引文中译参见沈景一译：《古代法》，商务印书馆 2015 年版。据英文原文略有改动。下同。

好相反。① 据说，原住民的含义就是地理战胜了时间。从这种观点看，印度就像是一个习俗储藏室，它是如此自足以至于可以说地理表征了历史："看来似乎没有哪个国家中的习俗像在印度一样如此牢不可破。"②

梅因用一种法律进化理论来支持这种二分法。他宣称，法律最初是从一种不成文的习俗性存在进化到成文法典的，③ 而这是贵族们的功绩。不同之处在于，"在东方，贵族们变成了宗教性的，而在西方则变成了市民性或政治性的"④。也正是因为如此，我们看到，西方的法典是对被实际

---

① Christopher A. Bayly, "Maine and Change in Nineteenth-Century India", in Alan Diamond, ed., *The Victorian Achievement of Sir Henry Maine: A Centennial Reappraisal*[《梅因爵士的胜利成就：百年重估》]（Cambridge: Cambridge University Press, 1991), p.393. See discussion of "culture talk" in Mahmood Mamdani, *Good Muslim, Bad Muslim: America, the Cold War and the Roots of Terror*[《好穆斯林坏穆斯林：美国、冷战和恐怖的根源》]（New York: Pantheon, 2004), chap. 1.

② Maine, *Village Communities in the East and West, with Other Lectures, Addresses and Essays*, p.9.

③ Maine, *Ancient Law*, pp.3, 9, 13, 14, 21.

④ "有些证据证明，后来结合在波斯王朝统治下的各个种族以及散居在印度半岛上的各个种族，都有其英雄时代和贵族政治时代；但是在它们那里，似乎分别产生了军事的寡头政治和宗教的寡头政治，而国王的权威则一般并没有被取而代之。另外，同西方事物的发展过程相反，在东方，宗教因素有胜过军事因素和政治因素的倾向。" Maine, *Ancient Law*, p.11.

服从的规则的解说，而在东方，规则被理想化（idealized）：这种理想化在印度是宗教性的，而在中国是非宗教性的。[1] 区别来源于具体情境的差别：《罗马法典》是在［习俗］衰败（corruption）开始之前编纂的，而东方的法典却是在［习俗］衰败已经开始之后编纂的。[2] 梅因评论说："分别影响每个共同体的整个未来的……问题……与其说是是否真的需要有一部法典，不如说是其他问题，因为大多数古代社会似乎或早或晚都会获得这样的法典。"他接着继续思索真正的问题所在："一个种族的历史的转折点在于，在什么时期，在社会发展的什么阶段，他们将他们的法律形诸成文。"

看起来似乎是，时序上的差别来源于政治上的差别："在西方世界，每个国家的平民或大众成分都成功地击溃了

---

[1]　"被称为《摩奴法典》的印度法典，当然是婆罗门所编辑的，无疑铭记了印度民族的许多惯例，但根据现代最好的东方学者的见解，整体而言，它并不代表确实曾经在印度斯坦执行过的一套规则。在它里面有一大部分只是在婆罗门的眼光中应该作为法律的一幅理想图画。"与此相反，"《罗马法典》只是把罗马人的现存习俗表述于文字中。"Maine, *Ancient Law*, pp.17-18.

[2]　"人类文化学表明，罗马人与印度人来自同一个原始祖先，而在他们的原初习俗中，也确实有显著的类似之处。即使在现在，印度司法中还存留着审慎和健全判断的原始基础的痕迹，只是不合理的模仿已经在它之中输入了残酷荒诞的巨大装置。罗马人由于得到了法典的保护，没有受到这一类腐蚀。"Maine, *Ancient Law*, p.20.

寡头政治的垄断，几乎到处都是在'共和'（Commenwealth）的早期就获得了一部法典。但是，在东方……统治的寡头们往往变成了宗教性的而不是军事的或政治的，因而获得而不是丧失了权力。"[①] 发展时间上的这一差别具有惊人的后果："原始法律的僵硬性——这种僵硬性主要来自于该法律在早期与宗教的关联和等同——将大众束缚在关于人生和行为的那些观点上，当他们的习惯第一次稳固下来、变成一种系统化形式时，他们就拥有了这些观点。"[②] 在印度和中国之间还存在着一种次要区别。与宗教的关联和等同是印度原始法律的僵硬性的主要原因，但在中国，这种僵硬性却来自一种试图将法律理想化的更为世俗的趋势。[③]

梅因更为广泛的论点是，西方代表了人类社会进化中的一个例外。从世界历史的角度看，只有西方能够宣称自己是进步性发展之地："……人类的静止状态是常规，不断进步

---

① Maine, *Ancient Law*, pp.16-17.

② Ibid., p.77.

③ "我们可以看到，婆罗门教的印度还没有超过所有人类各民族历史都发生过的一个阶段，即法律的裁决尚未从宗教的裁决中区分出来的那个阶段。……在中国，这一点是过去了，但进步又似乎到此为止了，因为在它的民事法律中，同时又包括这个民族所可能想象到的一切观念。"同样还有："在印度人中，法律中的宗教成分已经获得了一种彻底的支配地位。"Maine, *Ancient Law*, pp.23, 192.

是例外。"① 梅因试图理解，是哪些历史因素造成了"不断进步的"西方与"静止的"非西方的区别："尽管有压倒性的证据，对于一个西欧人来说，使自己完全意识到下述真理仍然是最为困难的；他所置身于其中的文明在世界历史中是一个罕见的例外。"思考这一罕见的成就，确实，就是沉思"不断进步诸民族与人类生活整体之间的关系"②。二者之间的区别并非仅仅是法律上的区别；相反，二者之间的区别更是道德和政治秩序之间的区别。亲属关系在静止社会中的地位代表了这一区别。

在梅因看来，亲属关系（Kinship）乃是初民社会的核心政治事实。"人们经常说"，梅因在其《早期制度史讲义》（*Lectures on the Early History of Institutions*, 1875）中写道："一个总督要花上两年或三年才能弄明白，庞大的印度人口是众多自然群体的叠加，并非他老家那种张三李四王二麻子的众多个人的聚合；有些印度统治者被指实际上从未学到这一教训。"③ 这种"自然群体"（natural group）就是亲属关

---

① Maine, *Ancient Law*, p.24.

② Ibid., p.22.

③ Maine, *Lectures on the Early History of Institutions*[《早期制度史讲义》]，（4th ed., 1885, Honolulu: University Press of the Pacific, 2002），pp.30-31.【译按】引文中译参见冯克利、吴其亮译：《早期制度史讲义》，复旦大学出版社2012年版，据英文原文略有改动。下同。

系："关于社会的原始历史的最晚近研究指向下述结论：将各共同体内的人们联结在一起的最早纽带是血缘关系（Consanguinity）或亲属关系。"① 但是，亲属关系，梅因承认，不是简单地作为亲属关系起作用，而是作为后来他所谓法律拟制（legal fiction）的原型而起作用；法律拟制是一种高度有弹性的概念，可以扩展和延伸以适应变化的环境。被作为亲属（kinfolk）描述的不仅仅是那些确实有血缘关系的人，而且还有那些被奴役的人，被强制扣留的人，以及由于各种各样原因而被纳入原初群体的人。因此，亲属关系是指"或者在事实上被血缘关系联系起来、或者相信或者假定他们是这样联系起来的人群"②。

梅因将亲属关系看作原初政治共同体的基础。"政治观念的历史开始于下述假设：血缘形成的亲属关系是共同体之政治功能的唯一可能基础"③。亲属关系同时也是权力关系："亲属关系，作为将共同体聚合在一起的纽带，往往被看作

---

① Maine, *Lectures on the Early History of Iastitutions*[《早期制度史讲义》]，（4th ed., 1885, Honolulu: University Press of the Pacific, 2002），p.64.
【译按】引文中译参见冯克利、吴其亮译：《早期制度史讲义》，复旦大学出版社 2012 年版，据英文原文略有改动。

② Ibid., p.1.

③ Maine, *Ancient Law*, p.24.

与服从某一共同权威是一回事。权力概念和血缘概念彼此混合，但是绝不互相取代"①。为什么古代社会不是一个个个人的集合，而是一个个家族的累进，原因正在于此。"这种社会总是带有一种特殊性质，这种性质清楚地表明，该社会处于幼年时期。人不是被看作个人和作为个人来加以对待，而总是被作为某一特定群体的成员来看待和对待"②。事实上，他强调说，"古代法……几乎完全不知道什么个人"③。

梅因认为，没有亲属关系的双重功能——既指称一种原则同时又为新群体的吸收提供了一种实践工具——我们就很难理解，原始群体如何能够扩展其规模。梅因称这一双重功能为"法律拟制"（Legal Fiction）："如果这种法律拟制从来不曾存在过，那么，我就不知道，任何一个原始群体，无论其性质如何，如何能够吸纳另外一个群体，或按照什么条件任何两个这样的群体竟然可以合并，除非其中一方处于绝对优势而另一方处于绝对服从的位置。"④ 确实，"在那些时代

---

① Maine, *Lectures on the Early History,* p.68.

② Maine, *Ancient Law,* p.183. "……原始时代的社会并不像现在所设想的，是个人的集合，在事实上，并且根据组成它的人们的看法，它是许多家族的聚合。"Maine, *Ancient Law,* p.126.

③ Maine, *Ancient Law,* p.258.

④ Ibid., p.130.

里，受到人们欢迎的权宜之计是，加入者应该假装自己与他们所加入其中的人们是同一始祖的后裔；人们天真烂漫地这样进行拟制，并且这种拟制是多么逼真，这正是我们现在无法指望自己能够理解的"①。

在《早期制度史讲义》中，梅因提供了社会进化的基本成分，追溯了从部落到种族的发展路线："与法学研究者有关的部落完全是那些部落，这些部落实际上属于现在在语言联系的基础上被普遍划分为雅利安人和闪米特人的种族。"②在集中关注雅利安种族的历史时，梅因问道，为什么其某些分支（特别是爱尔兰和印度）没有参与到不断进步的历史过程中，而不断进步本来被认为是西方历史的驱动力量。在爱尔兰和印度的经验之间，梅因发现了众多相似性。③ 但是，

---

①　Maine, *Ancient Law*, p.131.

②　Maine, *Lectures on the Early History*, p.65.

③　他叙述了一个这样的"值得注意的细节，这个细节将爱尔兰法和印度法联系在一起"[以及随着他的叙述的继续，还有波斯法]："这条规则是，债权人在要求比自己等级高的债务人偿还债务时，应当'对他绝食'"。在波斯，"一个想用绝食方式逼债的人首先要做的事情，是在债务人门前种上一定数量的大麦，然后坐在中间，这里的象征意义是非常明显的。债权人的意思是，他自己不带食物待在那里，一直等到还债，或等到大麦成熟使他有面包吃"。类似的印度习俗以"坐达纳"（sitting dharna）为人所知："为上述目的而采用这种方法的婆罗门，径直前往他所针对的人的门口或屋内，或其他任何可以最便捷地对他进行要挟的地方；随后便

最重要和最有决定性的是下述事实：二者都没有受到——以及因而也没有受益于——"罗马帝国的直接和间接的影响。"① 梅因确信，"当我们致力于探索不断进步的规律时"，一个个更为落后社会的现在乃是通向那些更为进步社会的过去的可靠线索："那些不断进步的社会的初始状态，通过那些并非不断进步的社会的可观察状态，得到了最好的确证。"② 因此，他转向当代爱尔兰和印度，希望从中找到通往英国历史中更为幽深地带的线索。

如果爱尔兰和印度代表了发展受阻的例子，而英格兰却成了这种趋势的例外。那么，其中的原因必然是，爱尔兰和印度都倾向于将法律理想化。虽然梅因承认，爱尔兰的古布里恩法（Brehon law）"拥有巨大权威"，但他坚持认为，"完

坐下来'达纳'，手里拿着毒药、匕首或其他可以用来自杀的工具；如果对方试图对他进行骚扰或不予理睬，他便威胁用这些东西自杀，由此彻底胁迫住对方。婆罗门在这种情形下进行绝食，根据苛刻的仪式，受到他胁迫的不幸对手也应当进行绝食。他们这样僵持下去，直到发起达纳的人达到目的为止。"同样，在爱尔兰人那里，"《古制全书》（Senchus Mor）的主要条款"规定："等级低下之人每一次扣押财产之前要先行告知，显赫之人进行扣押或对显赫的人实施扣押不在此列。他们在扣押财产之前要先行绝食。"Maine, *Lectures on the Early History*, pp.296-301.

① Maine, *Lectures on the Early History*, p.11.
② Ibid., p.226.

全有可能，该法律的实施是偶然的和断续的，对于该法律的部分的和地方的偏离在整个古代爱尔兰随处可见"。类似地，"由于在印度实行的地方习俗的无限多样性，"所以毫不奇怪，一个印度研究者会"不断问自己，在英国人开始通过他们的法庭而将其付诸实施之前，婆罗门法学家的法律究竟在多大程度上得到了遵守"①。这就回答了为什么无论古代爱尔兰还是前英国殖民时期的印度都尚未从习俗法前进到民法的问题。

从习俗法到民法

梅因认为，"不断进步性社会的运动迄今为止一直是从身份到契约"②。正是两种法律类型之间的区别——一种是与习俗结合的，一种是抽象的——解释了不断进步社会和静止社会之间的区分。其核心论证如下：一般而言，也即就人类作为一个整体来说，法律的发展是受文化约束的（"习俗"法），但是极少数的欧洲人却成功地发展了一种抽象的

---

① Maine, *Lectures on the Early History,* pp 52-53.

② Maine, *Ancient Law,* p.170.

法（"民"法），这种法不受时间和具体处境的限制，因此确实可以成为一种普世文明化使命的基础。习俗法是语境约束的，而民法具有一个超越的语境。习俗法就像农民和他的庄稼一样扎根于土地，而民法则可以全球旅行，四海为家。印度，同时还有西方之外的其他地方，其问题在于"不是文明扩展了法律，而是法律限制了文明"①。

习俗法和现代法之间的区分驱动着梅因的理论思考。习俗法使文明停滞不前；由于依附于文化，习俗法将社会束缚在某一特定时间点上。"不断进步的"法指对文明的前进做出回应的法；通过消除法与文化之间的联动，法得到了解放。抽象的法使法成为进步的工具。因此，在两种类型的法律之间，我们拥有一种双重性：西方的不受文化制约的法，和西方之外的受文化制约的法，② 以及在这种法律双重性的

---

① 因此，在世界主义和多元主义的旗帜下顾盼自如的这位精神之鹰写道："除了自然的盲目力量之外，在这个世界没有什么运动的东西不是希腊起源的。"（Maine, "The Effects of Observation", *Village Communities*, p.238.）

② 《古代法》包括对于三个工具的广泛讨论：法律拟制、公正和立法，通过这些工具，法律将稳定性的需要与进化变迁的需要结合起来。法律拟制使用罗马法将半刚性的神圣性与向变迁开放性结合起来成为可能。同时，梅因认为，法律需要有一个实质性价值来源，即公正，来为法律灌注进步的趋势和使法律文明化。这是自然法给予罗马法的东西，而希腊人却

基础上，两种类型的社会：不断进步性社会和静止性社会。

正是在这一理论基础上，梅因批判说，对文明化使命的功利主义的看法是错误的："功利主义者以为政治制度可以像蒸汽机一样从外面输入，能够适应任何气候，并有益于任何共同体。"①

部落的主权和现代的主权

梅因对功利主义者的政治批判是一种关于主权的历史叙述，他用这一历史叙述来对抗他所谓奥斯汀（John Austin）的哲学抽象。梅因认为，"奥斯汀式主权观"的问题在于，"这种主权观是'抽象'（Abstraction）的结果"。"抽象"是一种集中关注结果而忽视"每个共同体的全部历史"的方法。② 这样一种方法"实践价值"几何，则"取决于在抽象过程中

陷入了纯粹法律的繁琐中，而印度人的法律则缺少简单性和对称。

① Alfred C. Lyall, "Life and Speeches of Sir Henry Maine", *The Quarterly Review*[《评论季刊》], (April 1893), p.290; cited in Mantena, *Alibis of Empire*, p.166.

② Maine, *Lectures on the Early History*, pp.359, 360.

所拒斥的因素和所保留的因素的相对重要性"。① 确实，正是因为如此，我们才会看到，"奥斯汀的弟子很容易忘记，实际的主权除了武力之外还包括更多的东西，以及在作为主权者命令的法律中，除了……规范化的武力……以外，还有其他更多东西"②。正是由于奥斯汀聚焦于司法——"关于实定法的科学……实定法是主权者向臣民发布的命令，它加诸臣民以责任，或义务状态，或义务，并对不服从命令的行为给予制裁或惩罚"③——他几乎贸然忘记，存在着"人们事实上遵循的、具备某些法律特征的大量规则，但是它们（就其本身而言）并非由主权者加于臣民之上，而且（就其本身而言）也不是用主权者的权力所提供的制裁加以实施"④。尽管"主权就其本性来说是无法用法律限定的"，但却存在其他非法律的、历史性的针对主权的限制："由于某些规则，主权者受到限制，不能发布某些命令，必须发布其他一些命令；这些规则不是法律，但要不遵守它们却很困难。"⑤

梅因举例以说明他的观点。他说，因此我们看到，"一

---

① Maine, *Lectures on the Early History*, p.361.

② Ibid., p.361.

③ Ibid., p.362.

④ Ibid., pp.366-367.

⑤ Ibid., p.367.

个希腊城邦的僭主经常满足奥斯汀对于主权的每一检测标准；然而，僭主颠覆法律，这却是人们通常公认的僭主定义的含义之一"①。为了透彻阐述他的观点，他引用了一个印度的例子，即锡克教辛格王（Raja Ranjeet Singh）的例子，"他绝对是专制性的……他维持了最完美的秩序……但我怀疑，终其一生，他是否什么时候曾经发布过奥斯汀会称之为法律的任何一项命令"②。尽管"他从不制定法律……但调整其臣民生活的规则源于超出他们记忆的习俗；这些规则由内部法庭（domestic tribunals）在家族或村社中实施"③。梅因说，该例子表明，"在辛格治下的旁遮普可以被视为所有处于其原住民状态中的东方村社的典型，正处于难得的和平和秩序的间歇期"④。在梅因看来，在辛格的例子中，一种前现代政治社会的本质特征表露无遗："看到以下一点非常重要：为当前的研究计，诸如我所描述的印度或东方世界的政治社会状况，对于探究绝大部分世界的以往情况而言，与我们现在看到的西欧现代社会组织状况相比，是远为更有价值的

---

① Maine, *Lectures on the Early History*, p.365.

② Ibid., p.380.

③ Ibid., pp.380-381.

④ Ibid., p.382.

线索。"①

对政治社会，正像对法律一样，梅因将其截然划分为两种类型：现代的和前现代的。"因此，组织化的政治社会有两种类型，其中较古老社会的绝大多数人从他们村社或城镇的习俗中得到生活规则，但是他们偶尔也要多半是默默地服从对他们征税但从不立法的某个绝对统治者的命令。在我们非常熟悉的另一种组织化政治社会中，主权者则永远是根据自己的原则进行积极的立法，而地方习俗和观念总是越来越快地衰败"②。奥斯汀曾经集中关注现代政体和民法，但对于如何治理一个按照各种习俗路线组织起来的前现代政体，他几乎没有什么真知灼见可以提供。"习俗法——在我看来，奥斯汀关于这个话题的全部议论都可以说是不值得注意的——并非像制定法那样被服从。"③换句话说，习惯被遵守（observed），而法律被服从（obeyed）。

沉浸在其哲学抽象中的功利主义者将世界——特别是众多殖民地——错误地看作放大的西方。比其他任何事件都更能说明这一愚蠢观念所造成严重后果的是 1857 年事件："正如人们确曾说过的，印度的英国统治者与一些人相似，这些

① Maine, *Lectures on the Early History,* p.383.

② Ibid., p.392.

③ Ibid., p.392.

人不得不同时在两个时区让他们的钟衰保持准时。这一左支右绌的立场却必须被接受过来，逆来而顺受。如果他们走得太慢，那就不会有任何改进。如果他们走得太快，安全就将得不到保障。我以为，这个问题的真正解决办法，必须求之于对某些印度现象的检讨和分类，就如我一直在大胆证实其可能性的那种检讨和分类。那些完全被西方社会经验所引导的人，过分热衷于在他们看来似乎与改进是一回事的发明，当他们在制度和习俗——这些制度和习俗本来在他们看来已经成熟到寿终正寝程度——中看到，有一些知识材料也许可以用来解释西方的'过去'，以及在一定程度上用来解释西方的'现在'，他们也许会不能相信自己的眼睛，完全陷入怀疑之中。另一方面，虽然实际上不可能让印度的大多数原住民适应最终不可抗拒的英国观念、行为准则和实践做法的胜利，我们无论如何可以对他们中间最好的和最有智慧的人说，我们并非纯粹出于傲慢而发明或毁坏。相反，我们之所以改变是由于我们无法避免改变。"①

　　梅因与功利主义者争论的不是改变的事实，而是改变的步伐。他的目标不是避免变化——虽然保存习俗的观念在有些人看来似乎是这样的——而是希望在殖民语境中实现有序

---

① 　Maine, "The Effects of Observation", *Village Communities*, p.237.

渐进的变化。在梅因看来，在此隐含着问题的关键。当行政权威源于小规模自然群体的外部，当发号施令的法律代替要求被遵守的规则，在没有习惯、民意和自发性支持的情况下，法律和主权显得既是外在的又是强制性的。[①] 在传统社会，家庭之外的单调的"惯习（习俗）专制"与家父权（patria potestas）下主动的"家父长权威专制"（despotism of paternal authority）形成对照。主动性权威从家庭向主权权力（the sovereign power）的转移乃是急剧变化的条件的结果："以下因素导致了主权性权威的普遍化和对某一主权者之强制性武力的依赖：现代国家幅员辽阔，组成它们的小群体解体，尤其是国民大会、元老院和执政官治下的罗马共和国的示范和影响——它彻底地粉碎了被它吞并的对象，而正是这一点使它早早地有别于所有其他的统治和权力。"[②] 现代政治独树一帜的是其立法机关。毫不奇怪，功利理论——最大多数人的最大幸福——既预设一种平等理论，也预设一种现代立法

---

① "然而，当不得不服从的规则是由不构成其组成部分的某个外在权威向小规模自然群体发布时，它们的性质迥异于习俗性的规则。它们失去了迷信的辅佐，很可能也失去了民风的辅佐，当然也会失去自发冲动的辅佐。法律背后的暴力因此而变为纯粹的强制性暴力，在一定程度上比较原始的社会对它还十分陌生。……随着与法律相关的暴力观念的转变，秩序的观念也在转变。"Maine, *Lectures on the Early History*, pp.392-393.

② Maine, *Lectures on the Early History*, p.394.

普遍论。梅因在此停下了脚步。但他本来还可以继续说下去：主动性主权需要民主制度以产生秩序，而正是由于这个原因，殖民统治秩序才会要求，殖民统治权力不仅利用习俗令人沉睡的强制力，而且将其宣布为对权力的正当性证明。

梅因与功利主义者一致认为，传统印度的统治者并不立法。他们发布的是命令而不是法律。就此而言，他们并非是主权者。因为主权国家意味着某一领土范围，在该领土范围内通行某一主权者所颁布的法律。梅因被宣布为其创始人的新的法学科学认为，原住民也许有他们自己的历史，但他们却没有进入自己的历史的方式和途径。这样一种进入需要借助科学，而对科学来说，关键是要有能力进行理论抽象。因此，梅因握有揭开原住民历史之秘密的认识工具和钥匙。欧洲人需要认识到，印度一直为习俗所统治，从来都不是被一个主权者所统治。正因为如此，我们才会看到，通过立法进行统治的做法必然会变成一种提示，每天都令人不愉快地提醒着印度人：他们生活在外国的、西方的统治下。这也是为什么，在印度，好的治理是地方治理、分权治理、习俗治理。

对哗变的反应

英国对哗变所作的反应主要是以一种学说的形式出现。该学说包含在维多利亚女王 1858 年公告中。这是一个主张在私人领域、特别是在宗教问题上不进行干预的学说。[1]

> 我们宣布，王室希望和愿意看到，没有人会因其宗教信仰或仪式而被以任何方式加以偏爱，也没有人会因此而受到困扰或干扰。所有人都同样享有法律平等和公正的保护；我们密切关注，确保所有可能在我们属下行政当局任职者，对于我们任何一个臣民的宗教信仰或崇拜，不得进行任何干预，从而引起我们的最高程度的不悦。

不干涉学说由于下述原因而变成了全面干涉之宪章：占领者权力当局赋予自己以特权，可以界定不干预的界限，界定不干预的真正宗教的内容，以及最后，可以宣布谁才是界定和保证宗教处于其纯粹形式——也就是没有外部干预——的真正权威。划定边界的特权，界定"习俗"的实质和权威

---

[1]　Cyril H. Philips, Hira L. Singh, and Bishwa N. Pandey, eds., *The Evolution of India and Pakistan, 1858 to 1847: Select Documents* (1962), p.11.

的特权，为占领者当局的权力提供了巨大的运作空间。而这一权力的运用，那些需要"保护"的对象的名单，是政治性地决定的，并且随着时间的流逝而增加。

第一轮涉及对市场的运作做出限制：面对借贷者保护村社，面对商业种姓保护农业亚种姓，以及保护地主的田产免于被分割和破碎化。① 梅因的"在功能主义一词发明之前的

_____

① 在 1857 年最后一场旧叛乱与 1906 年的最初新民族主义骚动之间，印度政府改变了其农业战略，从推动自由市场转向保护印度制度，即使在经济上受损也在所不惜。到十九世纪九十年代，税收和农业部（Revenue and Agriculture Department）将村社、亚种姓和封建地产看作印度社会稳定的唯一保证。法律保护 biaderi，即耕作者的同业共同体，反对（威胁要取消抵押赎回权的）放债者和（处心积虑地破坏承租权的）地主，以此保护村社的完整性。有关承租法案规定承租人的权利，土地权的公共登记使他们很容易在法庭上维护有关权利；村社提供了另外的贷款来源；高利贷法对复利进行限制；有关救济法案赋予法官以按比例减免他们的债务的特别权力。每一个亚种姓的成员资格得到界定；他们被安排在整齐的等级体系中；农民种姓被禁止向商业种姓出售土地；军事种姓被纳入到军队中；不忠种姓被迫悄悄从政府工作中退出。为了保护地产，长子继承权制度被引进，而法庭接管有问题的地产以保护其免于散失。不顾一切维护印度社会的完整性的那些人属于梅因爵士的追随者。伊贝森爵士（Sir Denzil Ibbetson）是《旁遮普土地离散法案》（Punjab Land Alienation Act）背后的主要推手，他宣称梅因关于财产权演进的思想表明，"个人土地财产权是致命的礼物，其实现条件还不成熟，因而应该被撤销，趁着旁遮普邦的农民业主还没有被商人—放贷者抢走他们的土地"。这一农业战略的标志性成就是《1900 年旁遮普土地离散法案》的通过，该法案禁止不同部落

功能主义"（functionalism-before-the-term-was-invented），由于表明每一种机制都有其要实现的特定功能，因而重新证明了村社、亚种姓和封建地产之必要。由于带有各自"明显的社会目的"，每一种形式都不再是一种时代错乱的社会现象。① 在第二轮中，这种保护扩展到市民社会中的群体，首先是在 1880 年代和 1890 年代扩展到穆斯林，然后是扩展到锡克教徒，非婆罗门群体，以及诸山地民族（Hill Peoples）。② 经过一段时间之后，这张单子看上去就像是面

成员之间的土地出售（因而践踏了自由市场经济的最基本原则并确证了种姓形成）。索伯恩（Septimus Smet Thorburn ， 1844—1924）《旁遮普离散法案》的实际设计者，向印度议会的所有议员赠送他的著作《旁遮普邦的穆斯林和放债者》（*Mussalmans and Moneylenders in the Punjab*, 1886）。参见 Clive Dewey, "The Influence of Sir Henry Maine on Agrarian Policy in India", in Alan Diamond, ed., *The Victorian Achievement of Sir Henry Maine: A Centennial Reappraisal* [《梅因爵士的胜利成就：百年重估》] （Cambridge: Cambridge University Press, 1991），pp.353-356, 370; also see John Lyons, "Linguistics and Law, the Legacy of Sir Henry Maine", in Diamond, ed., *The Victorian Achievement of Sir Henry Maine*, p.303。

① 参见 Clive Dewey, "The Influence of Sir Henry Maine on Agrarian Policy in India," in Diamond, ed., *The Victorian Achievement of Sir Henry Maine*, p.357。

② Christopher A. Bayly, "Maine and Change in Nineteenth- Century India", See Dewey, "The Influence of Sir Henry Maine", in Diamond, ed., *The Victorian Achievement of Sir Henry Maine*, p.396. William Dalrymple 认为，

对多数群体保护少数群体的一纸帝国宪章。不是殖民使命，而是对于诸少数群体的保护，变成了其基本原则。

有必要回忆一下，十九世纪晚期，在英印人士圈内（British Indian circles），关于如何回应孟加拉的穆斯林组织和穆斯林代表权，曾经有过争论。面对愈演愈烈的群情激奋，在英国上层人士中间存在着这样的共识：除了将代表权扩展至穆斯林，别无选择。争论的关键是这一代表权的条件：它应该根据地区还是根据群体？就 1905 年孟加拉分治来说，这一选择不仅是明显的，而且是具有重大历史意义的。莫利（John Morley）时任印度国务秘书（Secretary of State for India）。鉴于 1905 年分治引起骚动和从 1905 年到 1908 年的抵制英货运动（Swadeshi），莫利建议地区代表权。民族志负责人里斯利（Risley），时任印度政府的内政部长，则予以反对，主张群体代表权，根据是新组成的穆斯林联盟对于分开选举的要求。在 1909 年的莫莱—明托（Morley-

---

英国政府的统治始于将起义看作是一种穆斯林阴谋（440—443），继而将印度人与穆斯林分开并随后将穆斯林作为行动目标（420），先是限制然后又重新允许穆斯林进入城市（460—463），总之是将穆斯林妖魔化（477—479）。到了十九世纪末，在经过一个循环之后又回到原地，它将自己描述为穆斯林的保护者。William Dalrymple, *The Last Mughal* (London: Bloomsbury, 2006).

Minto）改革中，群体代表权获得通过，并激发了重新分治的要求，而其范围超出了孟加拉。[1]

保护性政府变成了一种治理技术

诸制度和群体的保存和保护实际上是一种包容社会和政治变化的策略。批判性地加以审视，前 1857 年时代的文明化使命——实际上是从市场到法治再到一种福音传播基督教的系列变化——已经释放出对于"习俗"和"传统"的毁灭性影响。面对狂野的现代性，传统和习俗及其承载者即原住民，均被认为是迫切需要保护的对象。因此，殖民统治使命从文明化转向保存，从同化转向保护。

一个双管齐下的动议开启了这一变迁过程。该动议既是法律的也是行政的，二者在 1862 年到 1872 年的十年之间同时展开。法律改革导致公共域和私人域之间的一种尖锐区

---

[1]　Sumit Sarkar, *Swadeshi Movement in Bengal, 1903–1908*; cited in Nick Dirks, "Colonial and Postcolonial Histories: Comparative Reflections on the Legacies of Empire", Global Background Report for the Human Development Report, 2004, *Building Inclusive Societies*[《建设包容性社会》], mimeo (Columbia University), p.8.

分。通过一系列立法变化,从《印度刑法典》和《刑事诉讼法典》(1862)——它们"在刑事领域消除了伊斯兰法的最后踪迹"——到消除所有波斯称号和在殖民地法院禁止使用任何穆斯林助手(1864),作为创造一个单一法律官僚阶层的序曲,伊斯兰法的所有踪迹都被从公共领域清除。同时,1862年改革颁布了多种属人性法典(personal codes):"每一个组织起来的宗教群体都有其各自的法典。"库格勒(Scott Alan Kugle)一语中的:"印度教徒和穆斯林之间的鸿沟被正式认可,此外它还将穆斯林共同体打碎,使其变成了它所由之构成的'众教派',每一个教派都有其自身的法典。"①1875年之后时期标志着法律领域的一个尖锐断裂:从莫卧儿政体到不列颠统治。就非穆斯林共同体来说,莫卧儿王朝的政策是让每一个共同体"通过它自己的专家为它自己的成员提供它自己的法律,条件是共同体在公共宗教实践中维持某种界限,并交税贡献经济补偿"。与英国统治的最大区别在于,"莫卧儿王朝从未采取国家性的计划,要为某一共同体提供属于该共同体的法律"②。莫卧儿人就像奥托曼人一样,与各

---

① Scott Alan Kugle, "Framed, Blamed and Renamed: The Recasting of Islamic Jurisprudence in Colonial South Asia", *Modern Asian Studies*[《现代亚洲研究》], 35:2 (May 2001), pp.257-313, 300-301.

② Kugle, "Framed, Blamed and Renamed", pp.257-313, 263.

共同体之间的关系是历史地界定的，而英国人却主动地界定和塑造各共同体的身份认同。

在接下来的时期里，原住民被加以划分和再划分，每次都是为了回应一种政治上的需要，但总是用文化差异和普世宽容的语言加以表达。在面对进步之威胁保护本真性（authenticity）的口号下，移住民对原住民加以界定和固定。

正是在这一语境中，我们可以将人口调查看作是一种政治工具，或更准确地说，视之为一项政治议程的技术手段。它命名了国家政策的目标对象——既包括攻击的对象也包括受保护的对象。"各战斗种族"——用德克斯（Nick Dirks）的话来说，"麦考利对于柔弱的孟加拉人的夸张鄙视"[1]——分类于 1857 年。1872 年，十年一度的普查首先按照一个唯一的身份认同即种姓来划分印度社会，同时将其定位于更大的背景环境中：村庄、种族和宗教。保护政治开始于《1909年印度议会法案》（Indian Councils Act of 1909），该法案亦以莫莱—明托改革（Morley-Minto）而知名。在历史上第一次分离选区在外省和中央立法机构里被创造出来：不仅仅为议会中的穆斯林创造了保留席位，这一保留措施还延伸到

---

① Dirks, "Colonial and Postcolonial Histories", p.7.

其他方面：只有穆斯林才有权在这些席位的竞争中投票。下述假设，即"只有穆斯林才能够代表穆斯林，或保护穆斯林的利益……将塑造印度此后几十年的政治生活"①。在一段时间之后，在选举代表、政府工作和教育机构进入等领域，种姓身份认同变成了定额和保留的基础：非婆罗门和表列种姓，部落和穆斯林。德克斯一针见血地指出，1857 年之后，人类学取代历史而成了殖民地的主要知识形态和统治形态，在十九世纪末和二十世纪初的印度创造了一种民族志国家（ethnographic state）。②既然已将殖民地社会概括为静止社会，则全部努力都致力于在这些社会里包容变化——以及将其正当化为对于各容易受伤害的少数群体的保护。

到了十九世纪末，随着梅因的著作成为印度行政部门（Indian Civil Service）的必读书目，他的影响渗透和扩散到国家机构的所有层次。这一影响的最明显表现是一个个行政长官的工作，诸如印度的莱尔（Alfred Lyall），马来亚的瑞天咸（Frank Swettenham），非洲殖民地各国的克

---

① Barbara D. Metcalf and Thomas R. Metcalf, *A Concise History of India* [《简明印度史》]（Cambridge: Cambridge University Press, 2002），pp.158-159.

② 论点见 Nick Dirks, *Caste of Mind: Colonialism and the Making of Modern India*[《心灵的种姓：现代印度的制造》]（Princeton: Princeton University Press, 2001）。

雷默勋爵（Lord Cromer）、卢吉勋爵（Lord Lugard）、谢普斯通（Theophilus Shepstone）和麦克迈克尔（Harold MacMichael）。我将通过马来亚各邦的例子来进一步说明这一点。

马来亚：区分文明化原住民和土著原住民

瑞天咸将这种保护政治（the regime of protection）在马来亚付诸实施。其运作端赖关于两种原住民的定义：土著（aboriginal）原住民和文明化原住民。1874 年《邦喀条约》（Treaty of Pangkor），标志着不列颠对于马来半岛殖民统治的开始，它正式将马来人定义为"这样一个人，他习惯上说马来语，信奉伊斯兰宗教，并按照马来人的习俗行事。"这一定义在《马来亚宪章》（Malay Constitution）第 160 条中继续被奉为神明。[1] 这一官方宣称具有一种双重后果。一方面，它使许多移民穆斯林可以同化于马来人的身份认同。作

---

① Lilianne Fan, *Islam, Indigeneity, Legality, Native and Migrant Difference in the Making of Malay Identity* [《形成马来人身份认同过程中的伊斯兰、原生性、法律、原住和移民差异》]（Unpublished MA Thesis, Anthropology, Columbia University, 2004），pp.8, 15.

为结果，来自四面八方——从环荷属东印度群岛到阿拉伯半岛——的穆斯林移民们，能够通过采用马来语言（babasa）和习俗（adat）而 masuk Melayu（变成马来人）。① 另一方面——这是相反的效果——它将那些迄今一直像穆斯林马来人一样是马来人的非穆斯林变成人们现在认为他们所是的土著人（aborigines）。② 为什么必须界定"马来人"而以前没有这样一种必须？答案则要到政治领域中去寻找。

直到"戒严"之前，作为"土著"的非穆斯林部落的定义并不存在。在戒严之前的时期，一直存在着一种种族主义的命名游戏，在这一游戏里，人类学家和行政长官们使用千奇百怪的术语来指称不同的部落。有些按照他们生活的地区命名，就像 Orang Hulu（河口之民），Orang Darat（内陆之民），以及 Orang Laut（海洋之民）。而另外一些部落因为其突出的生物特征而得名，例如 Orang Besisi（有鳞屑之民），Orang Mantra（哼唱之民）。还有一些被直接贬义地加以命名，如 Orang Mawas（像猴子之民），Orang Liar（不文明但

---

① Michael B. Hooker, *The Personal laws of Malaysia*[《马来西亚的属人法》]（1976），p.62, cited in Fan, *Islam, Indigeneity, Legality*, p.20.

② Geoffrey Benjamin, "On Being Tribal in the Malay world", in Benjamin and Chou, eds., *Tribal Communities in the Malay World* [《马来人世界中部落共同体》]（Leiden and Singapore, 2002），p.44.

自由之民），Orang Jinak（温顺或被奴役之民）。①

　　赋予这些部落以单一名称的需要，是在一种反殖民暴动的语境中形成的；这一暴动与一场帝国主义之间的战争同步。英国人的策略是分离暴动者与村民和各森林民族。随着日本在 1941 年侵略马来亚，许多部落撤退到丛林中，在那里他们与马来亚人民军———一支共产主义者领导的游击队武装，也是唯一对日本人作过有效抵抗的力量———分享森林。作为阻止共产主义者从村民和林中居民获得帮助的反暴动行动的一部分，英国人宣布各部落是"土著"，并为他们任命一个顾问（advisor）。各部落重新定居下来，同时有超过 60 万华人非法搭建者（Chinese squatters）被重新安置进入"新村"。土著人（Orang Asli，意思是土生原住民，土著）事务部（JHEOA）于 1950 年成立，而《土著民族条例》（Aboriginal People's Ordinance），涉及土著人（Orang Asli）的最初和主要的立法条例，于 1954 年颁行。这一进程在独立之后继续发展，创造了三个不同的政治身份认同：马来人，土著，和 bhumiputera（土地之子）。

　　1957 年独立时确立的政治秩序区分两个马来人群体：穆

---

　　①　这一段以及下一段叙述来自 Colin Nicholas in Benjamin and Chou, eds., *Tribal Communities in the Malay World* (Leiden and Singapore, 2012), p.120。

斯林（马来人）和非穆斯林（土著人）。这两个范畴被与种族阶梯上的不同梯级挂钩：穆斯林马来人被正式承认为文明人，他们由于宗教而成为文明的；土著人，土生原住民，则委身于文明阶梯的较低梯级。文明化的原住民并不羞于宣称一种外来的起源，因为这样只会有助于确证他们的统治权，而土著人的完全原住身份（asli）则意味着他们只适合做臣民。① 这一秩序在 1969 年种族骚乱过后被加以重组；一般来说，人们认为是马来人在国家社会经济秩序中的边缘性引发了这一骚乱。《1971 年新经济政策》（*The New Economic Policy of 1971*）授予那些被视为 bhumiputera（土地之子）的人以特权。所谓"土地之子"，覆盖众多不同群体：马来人，土著人，以及各种 pribumi（原住民）群体。接踵而来的是一个宪章修正案，该修正案使公开讨论"敏感"问题成为犯罪；所谓敏感问题，包括马来人在法律上的特权地位，马来亚苏丹的作用，马来语作为官方语言和伊斯兰教作为官

---

① "因此，在马来人的世界中，有能力宣称拥有外来的起源，这将赋予统治权以合法性。苏丹们、贵族们和首相们都同样不对他们不那么纯粹的马来人出身感到羞愧。反之，完全本地出身（asili）意味着天生就要被统治。" Benjamin, "On Being Tribal", in Benjamin and Chou, eds., *Tribal Communities*, p.20.

方宗教的地位——以及对于马来人特权的质疑。[1]

印度尼西亚：区分亚达特法和宗教法

在思想上与梅因爵士并无显著不同的荷兰阿拉伯学家和伊斯兰学家赫格隆（Christiaan Snouck Hurgronje，1857—1936）在梅因之后几十年登上舞台。像梅因一样，赫格隆的贡献也是在一次危机之后做出的，当时帝国政权向这位学者寻求专业咨询：到底应该如何应对在十九世纪第三个二十五年在北苏门答腊亚齐省开始出现，并在伊斯兰起义旗帜下持续整整三十年的暴动。[2] 正是在这一背景下，赫格隆在 1891 年就任新设立的"原住民和伊斯兰事务顾

---

[1]　Fan, *Islam, Indigeneity, Legality*.

[2]　一次更早的抵抗运动已经为此做了先行，这就是 1825 年的爪哇战争（Java War），当时蒂博尼哥罗王子（Prince Diponegoro）发起了反对"异教"殖民统治。荷兰人轻易地镇压了所谓的"爪哇战争"；但是，穆斯林经文抄写者所鼓动的村庄骚动，继续让爪哇殖民地政府，也就是荷兰人权力的中心，感到头痛。参见 J. M. van der Kroef, "Prince Diponegoro: Progenitor of Indonesian Nationalism", *Far Eastern Quarterly*[《远东季刊》] (1949), 8: 430–433. Eduard S. de Klerck, *History of the Netherlands East Indies* [《荷兰东印度群岛史》] (Rotterdam, 1938), 2:342。

问"。他所设计的重新定向导致了政策的急剧改变，包括作为法律的习俗（亚达特）的法典化。虽然这些变化发生在他离开舞台之后并且是根据另一个殖民官员瓦伦霍文（Van Vollenhoven）的提议而做出的，人们仍然认为是赫格隆提供的分析性洞见促成了政策的变化，成功地结束了亚齐战争（Aceh War）。

当赫格隆于1891年到达亚齐，以"进行一项特别研究，探讨这个国家政治状态中的宗教因素"，荷兰人正处于一场似乎没有尽头战争的第十八个年头。[①]赫格隆的主要贡献是双重的：将伊斯兰教从一种他称之为"传统"的世俗历史中剥离出来，以及为两个彼此分离而殖民地官员最终使其互相反对的等级制的每一个找出一个单独的监护人。从本质上说，这是一项反对起义和暴动的工程，建立在找出并分开敌友的基础上。

赫格隆在其经典著作《亚齐人》（The Achebnese）中发展了习俗法（adat，亚达特）与宗教性的伊斯兰法（hukom，虎克姆）之间的二分。赫格隆从阿拉伯语词汇"ada——指伊斯兰法所未处理的日常实践或习惯"——中创造出"亚达

---

① Christiaan Snouck Hurgronje, *The Achehnese*[《亚齐人》], A. W. S. Sullivan, trans. (Leiden: E. J. Brill, 1906), v.

特"的概念。他用"亚达特"指"习俗"或"传统"。①"亚达特"是世俗性的，而虎克姆则并非如此。虎克姆是成文的，因而很容易识别，而亚达特则是不成文的，并因此很难辨认："通常来说，我们并未充分认识到，在马来人各种族达到文明标准的那些国家中，最重要的法律是那些并未付诸文字、时而在谚语和俗话中表现出来、但尤其是在日常生活的实际过程中发生、诉诸于所有人的理解力的法律。……只有通过艰苦和科学的研究，我们才能认识到它们。"②亚达特是变化的，虎克姆则是教条的。"与个人的可变性相比，亚达特以某种永存和不容争论的东西的形象出现，个人不能插手；但是，亚达特像其他尘世事物一样，世代更迭无有停息——不，它没有一刻是静止不动的。甚至原住民中那些智力超出常人的人，也对此一清二楚并利用这一点来推进他们自己的目的。"③赫格隆稍后又以绝对性的语言重申这一观

———————

① Anna Lowenhaupt Tsing, "*Adat*/Indigenous", in Carol Gluck and Anna Lowenhaupt Tsing, eds., *Words in Motion: Towards a Global Lexicon*[《运动中的词汇：走向一种全球辞典》]（Durham and London: Duke University Press, 2009), p.41.

② Snouck, *The Achehnese*, I:10-11, 14, cited in Tsing, "*Adat*/ Indigenous", in Gluck and Tsing, eds., *Words in Motion*, p.50.

③ "他们缓慢但是稳定改变着的社会制度因此被这个社会中的构成成分尊敬地加以对待，被当作固定和不可改变的。但是，正是在这一背景

点："必须记住，即使最原始的那些社会和支配这些社会的那些法律也从来不是一直静止的。"① 如果说，亚达特反映了本地灵活反应性（on-the-ground responsiveness），赫格隆则将伊斯兰宗教法描述为非尘世的和不变化的："……穆罕默德的法律不适合实际执行正义。撇开其他理由不谈，它极大地妨碍对于犯罪的侦查，对于目击证人施加了不可能做到的要求，并且未能认识到历史的变化。"②

在赫格隆看来，亚齐省和东印度群岛的问题在于，两种遗产——一种是习俗法（亚达特），另一种是宗教法（虎克姆），前者是可变而后者是教条的——随着时间的推移交织在一起："迄今为止，我们已经认识到，在虎克姆或宗教法与亚达特或这个国家的习俗之间形成的坚不可摧的联合和不

下，关于亚达特的内容的持续争论有了用武之地 [注：参见我在我的《麦加》一书中对麦加统治者们的亚达特法的评论，Mekka,vol. 1,p,11 et seq.]。到底什么才是真正的和确实的亚达特，这种亚达特被无可怀疑的见证证明过去享有崇高地位，或者为当前大多数人在实践中所遵循，或者被许多人根据某种与大多数人的解释相反的解释认为是合法和正当的？某些最重要的问题导致这一三重询问，而答案，正如可能很容易想到的，是被构造问题者的个人的利益所推动的。" Christiaan Snouck Hurgronje, *The Achehnese*, A. W. S. Sullivan, trans. (Leiden: E. J. Brill, 1906) 1:10.

① Hurgronje, *The Achehnese*, 1:16.

② Ibid., 1:94-95.

可废黜的合作，是亚齐人生活的根本基础。"赫格隆建议以一种特别的方式思考"这一坚不可摧的联合和不可废黜的合作"所产生的张力："同时，我们总是评论说，亚达特如何扮演女主人的角色而虎克姆则是她顺从的奴隶。但是，虎克姆只要一看到机会就会为自己的屈从地位复仇；她的代理人总是寻找机会，要逃出这种卑躬屈膝的地位。"①

赫格隆力图将亚达特与虎克姆之间本来"坚不可摧的联合"以某种方式加以拆分。他提出一种双重策略。一方面，他呼吁对亚达特加以改良（reform），而不对虎克姆加以改良。这一分别对待的策略也许是一种分别对待的政策的结果：他敦促荷兰人区分伊斯兰学者（ulama，乌拉马）和习俗上的首领（uleebalang，屋里巴郎），主张荷兰当局支持亚达特首领（屋里巴郎）反对伊斯兰学者。"屋里巴郎们……是这个国家的主人；他们是天然的领主。"②赫格隆警告说，改良宗教法律的任何尝试都会导致政治灾难，因为这会削弱屋里巴郎首领："以一种宗教精神对这个国家的制度进行改革将会夺去屋里巴郎的一切。即使这种改革以与亚齐人的民族特性保持一致的方式进行，现在为这些首领所掌握并形成

---

① Hurgronje, *The Achehnese*, 1:153.

② Hurgronje, *The Achehnese*, Part I, 1:88.

了他们的收入的主要来源的整个司法行政活动，也会完全从他们的手中溜走。……因此，毫不奇怪，首领们忐忑不安和心惊肉跳地看着'宗教支持者'的进展。"① 前进的出路在于认识到，虎克姆是不可通融的，而亚达特却是可通融的："属于第一个范畴的一切都只能被每一个好穆罕默德子民无条件接受。"② 赫格隆的政治规划是两重的：改良亚达特，同时物化（reify）虎克姆。

对亚达特可以加以参与和改良，但对虎克姆却只能与其正面冲突和将其约束在现代权力之下："因缘际会，荷兰民族承担了将这一现代学说加诸亚齐人的使命。"③ 赫格隆力图让荷兰人相信，他们在亚齐人中既有朋友也有敌人；他们所面临的挑战是如何与潜在的朋友——在这里是屋里巴郎和群众（他们的利益与侵入的权力"一致"）——结盟，同时孤立一小撮"被乌拉马们煽动起来的极端好战的狂热分子。"④ 他坚持认为，无论伊斯兰教和亚达特法在实际上可能如何互

① Hurgronje, *The Achehnese,* 1:159-160.

② Hurgronje, *The Achehnese,* 2:314.

③ Ibid., 2:351.

④ Jaspen, cited in Eduard J. M. Schmutzer, *Dutch Colonial Policy and the Search for Identity in Indonesia*[《荷兰人在印度尼西亚的殖民政策和对于身份认同的探索》] （Leiden: E. J. Brill, 1997）, lii. (Fan, *Islam, Indigeneity, Legality, Native and Migrant Difference*, pp.2,17,11.5).

相交织在一起，除了拆开这一联合，将每一方各以其纯粹形态呈现，荷兰人都别无选择。通过这种方式，他最后创造了他宣称自从遥远时代起就已经存在的对立。

另一方面，在他的双重策略的第二部分，赫格隆呼吁荷兰人区分作为宗教的伊斯兰教与作为政治意识形态的伊斯兰教，他警告荷兰当局，只有当普通的穆斯林教徒首先被确保宗教宽容，后者才会被孤立。赫格隆以为，心腹之患不是作为宗教的伊斯兰教，而是作为一种政治学说的伊斯兰教："伊斯兰教产生和早期发展过程中的某些事件使它成为了一种十足好战的宗教，这种宗教的目的实际上是要使所有持有其他信仰的人皈依，或迫使他们屈服。逐渐形成的律法教诲包括对圣战活动的双重责任。"第一种责任是"共同体整体上负有连带责任：除了其他手段之外，还包括通过武力手段，在他们的首领的指挥之下，扩展伊斯兰宗教，或至少是扩展穆斯林主权"。第二种责任是"落在所有战斗人员身上，甚至有时落在某一穆斯林国家的非战斗居民身上的个人责任：竭尽全力地保卫他们的穆斯林国家，反对非穆斯林敌人的入侵"①。

基于对伊斯兰教的这种二元理解，赫格隆建议对宗教采取宽容政策，而对任何意识形态推动的伊斯兰政治运动则坚

---

① Hurgronje, *The Achehnese*, 1:166-167.

决镇压。他认为，一种对于宗教生活持中立立场的政策乃是实现和平和稳定的先决条件。最后，在实行宽容和警戒并举政策的同时，荷兰人应该支持和鼓励那些最少受伊斯兰狂热主义支配的人士：亚达特的首领，诸外岛的统治者，以及爪哇岛上的传统贵族。在这一过程中，他为一种政策提供了分析基础，这种政策一方面对那些默许荷兰人统治的人实行宗教容忍；另一方面则对那些不这样做的人进行残酷镇压。① 或者可以说，赫格隆开创了区分"欧洲'好穆斯林'"

---

①　他指出，伊斯兰教缺少一种教士体制，而负责管理伊斯兰教崇拜和宗教司法的官员传统上是本地统治者的下级而非上级，并且无论是他们还是他们的主人通常都不热衷于穆斯林"狂热"，这也是事实。自由的乌拉马（ulama），正如他们在其他伊斯兰国家的同行们，是独立的。而且他们看上去就像是非尘世的抄写者和教师，其中大多数人除了在平静中服侍安拉别无他愿望。换言之，像其他穆斯林一样，大多数印度尼西亚人并非唯一效忠于他们的宗教。在所有地方，在所有时期，伊斯兰的严格法律都必须使自己适应支配其追随者的传统习俗和道德，以及政治现实。因此，虽然古兰经法律在婚姻和家庭法律的范围内获得了接受，但是在几乎所有其他事项上，仍然主要适用印度尼西亚的亚达特法。如果说仍然有理由恐惧，这种恐惧当然是对于一小撮致力于泛伊斯兰教思想的人的恐惧，特别是对狂热的乌拉马的恐惧。 见 "over panislamisme"（1910），1:364-380; see G. H. Bousquet and J. Schacht, eds., *Selected Works of C. Snouck Hurgronje* [《赫格隆选集》]（Leiden, 1957). For a recent discussion, see Jans Prins, "Adat-law and Muslim Religious law in Modern Indonesia", *Welt des Islams*, N. S. (1951), 1: 283-300. A fuller treatment can be found in Hurgronje's larger work,

（Europe's "good Muslims"）与其穆斯林政治对手的政策。[1]

因此，当涉及规范日常行为的宗教法时，宗教宽容在实践上的含义又是什么？赫格隆毫不怀疑，宽容将被某些权力关系所构造，这些权力关系保证，在亚达特首领的领导下，亚达特法对于宗教法具有最高地位："亚达特（习俗法）和虎克姆（宗教法）在一个好的穆罕默德子民的国家应该各就其位"，也就是说，"他们的生活的绝大部分受亚达特支配，只有一小部分受虎克姆支配"[2]。

赫格隆的开创性工作为瓦伦霍文教授（Cornelis Van Vollenhoven，1874-1933）后来将亚达特法研究本身转变为一门正规"科学"铺平了道路。赫格隆和瓦伦霍文是荷属东印度的间接统治的先驱。赫格隆的遗产在瓦伦霍文手中得到发扬光大。1904 年，殖民地大臣艾登贝格（Idenberg）引进

The Achehnese（Leiden, 1906），1: xvi. See, Harry J. Benda, "Christiaan Snouck Hurgronje and the Foundations of Dutch Islamic Policy in Indonesia", *The Journal of Modern History*［《现代历史杂志》］，30:4（December 1958），338-347; also see by Benda, *The Crescent and the Rising Sun: Indonesian Islam Under the Japanese Occupation*, 1942-1945 ［《新月和升起的太阳：1942-1945 年日本占领下的印尼伊斯兰教》］（The Hague and Bandung, 1958），pp.32-99。

① Tsing, "*Adat*/Indigenous", in Gluck and Tsing, eds., *Words in Motion*, p.49.

② Hurgronje, *The Achehnese*, 1:14, cited in Tsing, "*Adat*/Indigenous", in Gluck and Tsing, eds., *Words in Motion*, p.50.

一项法案，其目的是将适用于东印度所有居民（"欧洲人"，"原住民"，"东方外国人"）的法律统一化。瓦伦霍文参加了争论。针对荷兰在印度的文明化影响必然导致法律的西方化这一占主导地位的假设，瓦伦霍文主张法律多元主义。该法案公布于 1906 年，随后被修正，但从未作为亚达特法被实施；它一直是殖民地的法律论战的焦点。瓦伦霍文于 1907 年到达印度尼西亚，毕生致力于编订亚达特法（adatrecht）。瓦伦霍文发明了 adatrecht 一词，但在这之前，为了在西方法律和"东方法律制度"之间做出区分，他也曾经尝试使用其他的术语，诸如"东方通俗法"（Oriental popular law），但未能成功。①

　　这个荷兰人创造了虎克姆—亚达特法（hukom adat）的概念。在瓦伦霍文及其学派着手编订西方法学家眼中原住民习俗中的法律方面之前，亚达特法并非是一个分离的、独立的实体，而是某一历史、神话体系和某一制度风貌中的有机组成部分。对于他称之为亚达特法的这一规划的目的，瓦伦霍文心知肚明："我们的目标不是为了法学的目的而认识亚达特法，更不是为了妨碍印度尼西亚的发展而抱住亚达特的

---

① Mona Abaza, "Ada/Custom in the Middle East and South Asia", in Tsing, "*Adat*/Indigenous", in Gluck and Tsing, eds., *Words in Motion*, p.72.

古董舍不得放下；我们的目的是创造——不是在纸上创造而是在现实中创造——善治和善的司法行政，没有对于原生法律和原生观念的一种透彻了解，这二者都是不可想象的。"[1]要理解亚达特法的完整意义，我们必须将其看作是一个政治规划。

在 1931 年，也就是他在莱顿主持国际东方学家大会那年，赫格隆就编纂柏柏尔人（Berber）习俗法的问题继续向法国政府建言。而在印度尼西亚，瓦伦霍文已经用实践完成了赫格隆拟定的计划，伯克（Jacques Berque）则在摩洛哥最后使柏柏尔习俗法的计划大功告成。[2]

正如在梅因那里一样，赫格隆同样将各种外来历史影响看作是众多混杂不纯之物——从来不管西方流行的是进步概念——并坚决认为，必须在历史上大大后退一步，才能在首先是界定以及然后恢复和保存传统的名义下，将外在的东西与内在的东西分离开来。最后，东印度群岛被各种独立的法

---

① Harko W. J. Sonius, "Introduction", in *Van Vollenhoven on Indonesian Adat Law*[《瓦伦霍文论印度尼西亚的亚达特法》], ed., Johan F. Holleman (The Hague: Martinus Nijhoff, 1981), xxxvi, cited in Mona Abaza, "Ada/Custom in the Middle East and South Asia", in Tsing, "*Adat*/Indigenous", in Gluck and Tsing, eds., *Words in Motion*, p.73。

② Mona Abaza, "Ada/Custom in the Middle East and South Asia", in Tsing, "*Adat*/Indigenous", in Gluck and Tsing, eds., *Words in Motion*, p.75.

典所管辖：欧洲人的，东方外国人的，以及原住民的；直到1945年印度尼西亚共和国宣布独立，这种制度才不再实行。

　　与后1857年印度的英国人一样，荷兰人将罗马人著名的帝国主义战略"分而治之"（divide and rule）发扬光大。间接统治的理论家们——梅因和赫格隆——并未将地缘政治作为一种定位球游戏来操作。他们不再将边界或行政权力机构（authorities），甚或大众主体性作为不可改变的给定来接受。正如我们在二十世纪的非洲将会看到的，他们的目的是重新斟酌一切——边界，行政权力机构和主体性。他们将焦点不再集中于现存精英——定位球——而是转向作为一个整体的全体居民。间接统治的建筑师们具有宏伟的抱负：重新制造主体性，以便重新匹配其承担者。这已经不再仅仅是分而治之。这是界而治之（define and rule）。

第二章　原住民主义：实　践

梅因在今天的意义是什么？在我发表杜波伊斯（Du Bois）讲座之后问世的一本书中，[1] 曼特那（Karuna Mantena）将梅因定位于现代西方思想的进程中，并表明在哪些意义上，没有梅因，就没有十九世纪中期帝国危机后殖民统治的重构的正当性证明（justification）。正是这种重构的正当性证明，正是这种论说，被曼特那称为"不在犯罪现场证明"（alibi）。与曼特那一样，我对作为间接统治的理论家的梅因感兴趣。但除此之外，我还有另外两个兴趣：一个是将间接统治的实践理解为福柯所谓"治理术"（governmentality）的一种形式；另一个是被殖民者在理论上和实践上对殖民权力（colonial power）的回应，既包括学者们在理论上的回应，也包括治国术操刀者在实践上的回应。

---

[1]　Karuna Mantena, *Alibis of Empire: Henry Maine and the Ends of Liberal Imperialism* (Princeton: Princeton University Press, 2010).

梅因的重要意义，与其说在于这种"不在犯罪现场证明"，在于他关于法律和政治形态的进化论（他不是第一个提出这种理论的人），不如说在于一个事实：他是一种现代、新型统治技术的始作俑者。间接统治涉及差异的理解和管理。在梅因看来，1875 年事件证明，直接统治和文明化使命，及其以被殖民者的精英为目标的同化计划，遇到了危机。这一同化主义计划（this assimilationist project）的经典例子是罗马帝国；罗马帝国正是英国人以及法国人公开宣称仿效的模板。但是，与直接统治不同，间接统治孜孜以求的是再生产作为习俗的差异，而非将其作为野蛮的遗迹加以铲除。它关注普通人，而非只是被殖民者中的精英。在管理差异之前，殖民权力首先致力于界定差异。德克斯称之为"民族志国家"（the ethnographic state），这种国家运用人口调查，不仅仅是作为承认差异的一种方式，而且是作为塑造、有时甚至创造差异的一种方式。在 1857 年之后，殖民权力致力于界定殖民主体性（colonial subjectivity）。因此，我将这本书的标题确定为：界而治之（Define and Rule）。

间接统治的实践意味着从排除性语言（文明，非文明）转向包容性语言（文化差异）。多元主义和差异性的语言是在殖民统治经验中产生和被加以运用的。法律对于力图管理和再生产差异的计划来说是核心性的。各被殖民者社会的身份认同并非仅仅是共识性的（传统的），它们同时也是通过法律从上面强加的。同时，法律并非外在于共识（consensus）；它参与塑造共识。理解梅因所开创的治理术形式，关键在于理解法律与主体性之间的关系。

直接统治和间接统治不是殖民地治理发展过程中的两个此起彼伏的阶段。虽然强调的重点从直接统治转向了间接统治，二者却继续共舞：文明化使命（同化）与差异管理（多元主义）同时并存。文明化使命的语言从福音式语言转向世俗性语言；其实践从宗教皈依转向法治的扩展。但是，民法作为文明普遍标志的宣称与对习俗法的不同体系的承认并存不悖。这一结合造成了法律混合统治（regimes of legal hybridity），造成了法律多元论，以及促使我们提问：什么是法律？什么是习俗？什么又是习俗法（customary law）？

我在第一章中提出，如果说直接统治致力于通过文明化使命而同化精英，那么间接统治的野心则是重塑全体人口的主体性。它努力塑造被殖民者的过去、现在和未来，而其方式是按照一种原住民主义模式分别来塑造它们：通过人口调查中的一系列身份认同来塑造现在，通过一种新型历史编纂的动力来塑造过去，以及通过一种法律和行政计划来塑造未来。①通过这一三重的努力，殖民国家在传统的外衣下，创造了一种国家强力推行的内部差别对待（internal discrimination）制度，从而有效地将被殖民的大多数人碎片化，使其成为行政驱动下的为数众多的政治少数（political minority）。在非洲，这种政治少数被称为部落。

什么是部落？在殖民主义之前它是以何种形式存在的？它是如何被殖民国家的政治工程塑造的？这是我试图在这一章中探询的主要问题。

现代国家力图抵御时间的冲击。所以它试图赋予自己以一个过去和一个未来。如果说，过去的生产是历史写作之事，未来的落成则属于立法之事。在两者之间，存在着一种战略联合：法律识别现在和历史中的行动主体（agency）。由于将群体的身份认同（identity）强加于个人主体（individual subjects）之上，法律遂将群体生活制度化了。关于法律如何勘定群体生活，人口普查提供了实例。在1857年之后的印度，在殖民地人口中间，有三个以群体为基础的政治性身份认同被法律加以推行、被人口调查加以记录和被历史加以铭记：种姓、宗教、部落。在柏林会议（Berlin-Conference）

---

① For a related argument, See Ranajit Guha, *History at the Limits of World-History*[《世界历史限度的历史》], New York: Columbia University Press, 2003.

之后的各非洲殖民地，群体生活围绕两个政治化身份认同而
展开：种族和部落。

种族和部落

要理解各种政治性身份认同如何通过法律力量而被界
定，让我们以二十世纪上半叶非洲一个实行间接统治的殖民
地为例。在大多数非洲殖民地，人口调查将居民划分为两个
广泛的、无所不包的群体：一个被称为种族（race），另一个
被称为部落（tribe）。种族和部落之间的分别为我们理解殖
民治理（colonial governance）提供了线索。在对二十世纪
非洲不同殖民地的人口调查进行解读的基础上，我提出四个
相互联系的观察，以表明在哪些意义上，种族—部落区分对
于治理来说是关键性的。

首先，人口调查将全体居民分属两类群体：一些人被打
上种族的标签，另一些则被打上部落的标签。当人口调查人
员输入你的名字时，你的名字不是被安排在一个种族之下，
就是被安排在一个部落之下。将你划归一个种族或一个部落
的根据何在？根据不在于殖民者和被殖民者的区分，而在于
原住民和非原住民的区分。非原住民被标识为种族，而原住

民则被说成属于部落。种族据说包括所有被正式归类为非原生非洲人（not indigenous to Africa）的人，无论他们是确凿无疑的外国人（欧洲人，亚洲人），还是他们的外国人性质是一种官方命名（official designation）的结果（阿拉伯人，有色人种，图西人）。相反，部落则指所有那些按照定义在起源上是原生的人。种族—部落的区分不是强调殖民者和被殖民者的区分，而是贯穿"被殖民者"这一单一范畴，目的是在政治上将那些原生的人的与那些外来的人区分开来。当国家正式将非原生的种族与原生的部落区分开来，它所关注的是一个单一特征，即起源（origin），而完全忽视所有后续的发展，包括住地（residence）。通过模糊移民迁移的完整历史，国家将原住民描述为地理而非历史的产物。

其次，种族—部落区分具有直接法律意义。一个人是被界定为属于一个种族还是一个部落，这决定了管辖该人的适用法律。所有种族都是在一个单一法律下管辖的：民法。但是，无论对于部落来说，还是对于管辖他们的法律即习俗法来说，事情都是另外一个样子了。从来不存在一个管辖所有原住民——作为一个种族化的群体——的单一的习俗法。每一个部落都被安置在一套单独法律的管辖下；因此，人们认为的部落数目有多少，习俗法的数目就有多少。据说，传统是部落性的，因此，原住民必须首先被宣布为属于各单独部落，每一个部落都被一个反映了该部落传统的法律所管辖。
但是，大多数人都会同意，各种族之间——诸如白人和亚洲
人——的文化差异要比各部落之间的文化差异来得更大。首
先，不同的种族说不同的语言，他们相互之间是不能理解
的。他们经常也信奉不同的宗教。此外，他们来自世界上的
不同地区，带着各自不同的历史档案。另一方面，无论部落
和部落之间是如何不同，他们是邻居，通常说互相听得懂的
语言；他们各自宣称的历史有时是共同的，有时则是交叠的。

我的论点很简单：即使各种族像白人、亚洲人和阿拉伯
人那样在文化上彼此不同，他们也同样被置于一个单一的、
从欧洲输入的法律的管辖之下，这个法律被称为民法，并
被加以修订以适合殖民地语境。即使各部落的语言是近似
的和能够互相听懂的，他们也被置于彼此独立的法律的管
辖之下，这些法律被称为"习俗法"，并由根据族群界定的
原住民权力机构（ethnically defined native authorities）来实
行。就种族来说，文化差异并没有导致差异的法律体系。相
反，文化差异在一个法律体系内被涵盖甚至被调和，该法律
体系是单一的，并通过一个单一的行政权威来实行。但就部
落来说，情况却正好相反：文化差异被强化，夸大，并被移
植到不同的法律体系中，其中每一个法律体系都被一个单独
的行政和政治权威加以实施。总之，不同的种族被认为会有

一个共同的未来，而不同的部落却不是这样。殖民法律方案（colonial legal project）——市民的和习俗的——乃是殖民政治方案的有机组成部分。

我的第三个观察：两个法律体系在定向上大相径庭。为了理解这种不同，只要对比一下英国普通法与殖民地习俗法就很清楚了。英国普通法被假定为随着环境变化而发生变化。它宣称承认不同的利益和解释。但是，对殖民地习俗法的假定却是相反的。它假定，法律面对变化的环境必须保持不变。相反，任何变化都被认为是衰败的 prima facie（明显）证据。无论是法律还是实施法律的权力机构都被称为"传统的"。殖民权力首要关注的是让人们确信，他们的原住民盟友是传统的和真正的。他们念兹在兹的是如何定义、定位和装饰传统的权威（authority）——一个单数的、独一无二的权威。我们需要记住，非洲各殖民地与早期现代欧洲不同，并不享有后者的绝对国家（absolutist state）的政治历史。这意味着，制定规则的权威并非是单数的，而总是复数的。存在的并非一个中央集权的国家权威，它的令状就是法律。相反，实践上的做法是，由不同的权威界定不同社会生活领域中的传统习惯。除了首领，传统的界定者还可以来自妇女群体，年龄群体，氏族，宗教群体，等等。

一旦某一单独权威，比如首领，被提高到最高传统权威

（the traditional authority）的地位，这离将传统也界定为单一的、无矛盾的和权威性的，就只有一步之遥了。[1]基于年龄和性别两个特点，首领的权威不可避免地是家父长制的（patriarchal）。通过将其"间接统治"盟友作为"习俗性的"而加以保护，殖民地国家变成了既是传统的监护人也是其执行者。强力推行的传统变成了巩固殖民权力的一种方式。事实上，各殖民权力是现代时期中最早的政治原教旨主义者。他们最早提出两个命题并将其付诸实施：其一，每一个被殖民者群体拥有一个原初的和纯洁的传统，无论是宗教性的还是民族上的传统；其二，必须这样对待每个被殖民者群体，使其返回那一原始状态，以及这一返回必须通过法律来实施。总之，这两个命题构成了殖民地和后殖民地世界中每一种政治原教旨主义的基础平台。

第四，由于将殖民地社会中的差别对待予以制度化——民法管辖种族而习俗法管辖部落——民法和习俗法在被殖民

---

[1]　参见 David Laitin 对于约鲁巴的"传统"的研究。Laitin 表明，英国对于约鲁巴的"传统"盟友的选择，乃是一项政策的结果，这项政策寻找最处于被边缘化危险中的本地精英。与具有合法性但缺少权威性的本地精英联盟，旨在利用它们的合法性作为工具来强化他们不足的权威性。David Laitin, *Hegemony and Culture: Politics and Religious Change Among the Yoruba*[《霸权和文化：约鲁巴人中的政治和宗教变化》]（Chicago: Chicago University Press, 1986）.

者中间再生产了一种双重区分。由于将权利的语言与文明的语言挂钩，民法创造了一种权利等级制，作为在文明阶梯上据说占据不同位置的不同种族的权利要求。它不仅区分殖民的主人种族（欧洲人）和被殖民的臣民种族（亚洲人，阿拉伯人，有色人种，等等），实行有利于前者而不利于后者的差别对待，而且在被殖民人口中间掘开一条鸿沟，将其同样也分成两个集团，给予非原住民臣民种族相对于原住民部落的特权。

如果说第一个法律上认可的被殖民者内部的区分是种族的，那么第二个区分则是部落的：习俗法现在在两种部落和部落人中间进行区分，将其分为原住民的和非原住民的。它将权利——因此也将差别对待——建立在一种关于起源的论说（nativism，原住民主义）上。与宣称标志一种文明等级制的种族不同，部落被认为文化多样性的标志。原住民据说是天生部落性的，而治理他们的实践被称为原住民行政（native administration）。原住民行政的核心是对于原住民部落和非原住民部落的一种行政区分。非原住民被划定为非原住民，无论他们已经在该地区生活了多少代，因为无论多少时间都不能抹掉起源上的不同。每一个殖民地都被分成星罗棋布的部落乡土（tribal homelands），每一个乡土又被与一个在行政上被标记为原住民的部落单一联系起来。希望获得土地的移民（immigrants）只能作为"外乡人"（strangers）获得土地，条件是向原住民权力机构的首领缴纳规定的贡赋。殖民地习俗法只承认一种形式的稳定土地收益：部落乡土的习俗使用权［而非所有权］。

原住民身份认同包括三种彼此不同的特权。首先是获得土地的权利。其次包括参与原住民权力机构的行政管理的特权。原住民权力机构中的首领只能从那些被标识为原住民的人中间产生。只有在最低层次的行政管理中——在原住民权力机构的最底层——才会看到，某一部落乡土上的非原住民部落居民也会成为村庄首领。原住民权力机构的层级越高，对于获得殖民统治许可之习俗的遵守的要求就越是严格：只有原住民才拥有乡土上的代表权和治理权。第三，争议解决领域中存在的特权。每一个原住民权力机构根据赋予原住民以特权的习俗法解决争端。

这种将假定的原初居民和随后移民之间的不平等加以制度化的统治导致一个单一族群行政机构统治一个多族群社会。由于将所有重要权利——从土地获得到参与地方治理和解决地方争端的裁决——界定为群体权利和宣布为原住民部落成员的特权，在每一个原住民权力机构中，两类居民（分别被界定为原住民居民和非原住民居民）之间走向爆炸性的对立，这只是一个时间和环境问题。一种守护着三重的部落性垄断——土地，治理和争端解决——的单一部落性行政将部落性差别对待加以制度化。

虽然部落性身份认同在许多情况下与人类学家所谓的族群身份认同（ethnic identity）——通常他们指的是建立在语言基础上的、文化性的身份认同——吻合，但也并非总是如此。在某些情况下，同一族群在行政上被划分为多个部落。在另外一些情况下，各部落是被任意地命名的——"是被发明的"，有文献如是说。① 在所有这些情况下，唯一的共同性是，在殖民时期，部落到处都是一个行政单元，而部落身份是正式命名的行政性身份。因为这个原因，我相信，最好将原住民行政和间接统治制度描述为这样一个制度，它将部落性差别对待予以制度化，并将其作为文化身份认同的不可避免的后果而加以正当化。因此，它将文化身份认同物化为一种行政推动的政治身份认同，或将族群（ethnicity）物化为部落。

编　史

有两种殖民主义历史学。殖民主义的宏大叙事，殖民

---

① 　Eric Hobsbawm and Terence Ranger, *The Invention of Tradition*[《传统的发明》]（Cambridge: Cambridge University Press, 1983）.

主义的元历史，是在种族的框架内用大号字写下的（written in bold），而殖民主义的微观历史是在部落的框架内用小号字写下的（written in small script）。种族据说代表了历史的进步，它最终在国家的发展中达到顶点。从部落到种族的发展被认为代表了在人类联合之基础方面的世界历史性转移：从亲属团体到地方性（领土）——正如尼布尔（Barthold Georg Niebuhr）在其三卷本《罗马史》中所描述的。[①] 部落和国家被看作是两种截然对立的联合形式，前者是非领土性的，而后者是领土性的。如我们所看到的，梅因主张，在部落的水平上，政治关系是通过亲属关系原则表达出来的。[②]

种族化的非洲历史编纂是在十九世纪完成的。这种编史具有一个名字：闪米特假说（Hamitic Hypothesis）。这些历史也具有一个明白无误的寓意：非洲是从外面被文明化的，浅肤色或相貌好看的移民从北向南文明化原住民居民。闪米特假说有多个版本：殖民主义的和民族主义的。标准的地区史是中非和西非历史。在十九世纪和二十世纪早期的殖民主义版本的中非历史中，图西人被塑造为闪米特人，而胡图人

---

① Barthold Georg Niebuhr, *History of Rome*[《罗马史》], 3 vols., (Philadelphia: Thomas Wardle, 1835).

② "政治观念史事实上始于假设，血缘亲属关系为共同体之政治功能的唯一可能基础。"Maine, *Ancient Law*, p.129.

被塑造为原住民居民。我们不仅可以在探险家斯皮克（John Hennings Speke)① 的作品中以及在教父们② 的作品中读到这种历史，而且还可以在卢旺达图西人历史学家卡加梅（Alexis Kagame）③ 的作品中读到这种历史。在西非历史中，柏柏尔人被赋予闪米特人的角色，他们被描述为豪萨国家（Hausa states）的建造者，以及因而也是使豪萨人走向文明化的人。这种版本的历史受到史密斯（Abdullahi Smith）④——尼日利亚扎利亚艾哈迈德贝罗大学（Zaria Ahmadu Bello University）历史系的创建者——的影响深远的批判。在这一版本的历史中，富拉尼人看起来就像是东非图西人在西非的翻版。

---

① John Hannings Speke, *Journal of the Discovery of the Source of the Nile*[《尼罗河源头发现记》]，(New York: Harper and Brothers, Publishers, 1864), ix:241-254.

② See Tharcisse Gatwa, *The Churches and Ethnic Ideology in the Rwandan Crisis, 1900-1994*[《1900—1994卢旺达危机中的教会和民族意识形态》] (PhD Dissertation, University of Edinburgh, 1998).

③ See Mahmood Mamdani, *When Victims Become Killers: Colonialism, Nativism and Genocide in Rwanda* [《当受害者变成杀手：卢旺达的殖民主义，原住主义和种族灭绝》] (Princeton: Princeton University Press, 2001), p.56.

④ Abdullahi Smith, "Some Considerations Relating to the Large-Scale Recording of Oral Traditions in the Northern States", in *A Little New Light*[《吉光片羽》] (Zaria: Abdullahi Smith Centre for Historical Research, 1987).

然而，除此之外，还有第三种地区版本，这种版本见于广泛流传的历史学概念"阿拉伯化"。该概念提供了将苏丹彼此分离的不同历史联结起来的概念线索。闪米特假说的一个广有影响的泛非洲主义版本出自迪奥普（Cheikh Anta Diop），他将法老时期的埃及人塑造为非洲世界其他部分的伟大文明化力量。当安塔（Cheikh Anta）将法老时期的埃及人塑造为一个黑人民族时，他冲淡了闪米特情结，但是殖民主义编史的逻辑未受触动，依然故我。

在殖民主义版本的历史中，种族化历史被在一种同化主义模式中讲述；与此相反，部落化历史被在一种种族隔离框架中讲述。总体上是要突出强调种族的进步本质，这种进步性最终将冲破被与部落联系在一起的孤立主义和内向冲动。我将举出两个历史上的政体，以说明同化主义的模式：苏丹北部森纳尔（Sennar）苏丹国和达尔富尔苏丹国。两个君主国的传统历史——以及北苏丹的历史——都是作为"阿拉伯化"被写下的。

阿拉伯化指阿拉伯语言（以及一般来说还有文化）和谱系的扩散。① 占主导地位的编史，无论是殖民主义的编史还

---

① See Mamdani, *Saviors and Survivors: Darfur, Politics and the War on Terror*[《救世主与幸存者：达尔富尔，政治与反恐战争》]（New York: Pantheon, 2009）.

是民族主义的编史，都假定阿拉伯化乃是来自苏丹外部的阿拉伯移民迁移的结果。这一编史在殖民时期有其根源。在青年丘吉尔的新闻作品中，可以一瞥这种编史的轮廓；丘吉尔在世纪之交前来参加基奇纳（Kitchener）从马赫迪运动（Mahdiyya）手中重新夺回苏丹的庆祝活动。在《河流之战》（The River War）中，① 丘吉尔将苏丹描述为这样一个地方，这里的阿拉伯移住民征服和控制了原住民黑人各部落。关于这一主题的学术思索，在麦克迈克尔（Harold MacMichael），一个殖民地行政官员，在 1922 年写下的两卷本《阿拉伯人在苏丹的历史》(History of the Arabs in Sudan) 中可以看到。② 该书第一卷集中关注黑人和闪米特人，他们被说成是在阿拉伯人移民苏丹之前的苏丹部落居民，因此也就被看作是原住民。第二卷提供了对于阿拉伯人迁移的一个解说。这个故事兼有两个特点：个别阿拉伯部落的谱系和阿拉伯人作为一个种族的迁移。虽然麦克迈克尔承认，这些谱系是建构的，有

---

① Winston Churchill, *The River War: An Account of the Reconquest of the Sudan*[《河流之战：苏丹重新征服记》]（New York: Carroll and Graff Publishers, 2000）.

② Sir Harold A. MacMichael, *A History of the Arabs in the Sudan and Some Account of the People who Preceded Them and of the Tribes Inhabiting Darfur*[《苏丹阿拉伯人的历史，在他们之前的民族和居住在达尔富尔的部落的某些叙述》]（Cambridge, U.K.: The University Press, 1922, 2 vols.）.

时是纯粹编造的，他却将它们描述为说明单一移民故事的拼图游戏中的众多板块。

这一殖民主义编史大体上被民族主义历史学家所接受，其中最杰出者是喀土穆大学（University of Khartoum）的哈桑（Yusuf Fadl Hasan）。这种编史的当代版本可见于马兹瑞（Ali Mazrui）关于非洲阿拉伯人（Afrabia）的叙述。[①] 殖民主义—民族主义编史将苏丹描述为一块处女地，在其上面覆盖着川流不息的外来影响的沉积。这块土地在其最长的连续书写的历史记录之一中被描述为这样一个所在，它是如此缺少内在动力，以至于任何重要的改变冲动都被说成是由外而内的。其长达六千年的成文历史被分成此起彼伏的一个个时期，每一个时期的命名都让人想到一种不同的外来影响：法老时期，基督教时期，阿拉伯—伊斯兰时期，西方时期。总之，阿拉伯化被描述为一种文明化事业。在书写一种派生性编史的过程中，民族主义者重新确证殖民时期写下的关于苏丹的种族化编史——以说明原住民与移住民之间的不断斗争；前者是黑人，而后者是阿拉伯人。

从众多考古学家、政治科学家和人类学家的作品中，我

[①] Ali Mazrui, *Euro-Jews and Afro- Arabs: The Great Semitic Divergence in World History*[《欧洲犹太人和非洲阿拉伯人：世界历史上的伟大闪族分歧》]（Maryland: University Press of America, 2008）.

们可以构建出成一种不同的编史。上述学者属于受到二十世纪六十年代和七十年代反殖民和反战运动之最强烈影响的一代人。[①] 他们批判所谓非洲的历史是在外来影响下、由浅肤色的闪米特人所创造的意识形态观念，以及批判赋予移民以特殊地位而牺牲内在发展的方法论倾向，而试图为外部影响和内在发展的互动寻找一种更为令人信服的解释。在这种解释中，一个根本要点是，内在因素在塑造外来影响的效果方面扮演着决定性的作用。

对于阿拉伯化、对于阿拉伯文化和阿拉伯身份认同之扩散的这种不同解释存在于国家形成的历史中。人口迁徙本身并不会扩散阿拉伯文化或阿拉伯身份认同。当阿拉伯难民第一次进入努比亚（Nubia）和贝贾（Beja），观察者注意到一个脱—阿拉伯化的过程：阿拉伯移民不仅说努比语和贝贾语（而不再讲阿拉伯语），他们还放弃了他们的游牧生活方式，而采用农业生活方式。推动阿拉伯化的是国家。但是，国家

---

① 在苏丹人的国家政治中，我所知道质疑阿拉伯化范式的唯一认真尝试，紧随北方政府和南部反叛者中间的 1972 年亚的斯亚贝巴协议而来。在一本在非洲统一组织成立十周年之际提交给该组织的著作中，Nimeiry 政府外交部——在其部长 Mansour Khalid 及其副手 Ali Abel 和 Francis Deng 的领导下，有意识地转移苏丹历史的范式中心，像在阿拉伯化问题上一样，从同化转向整合。

这样做并非必然是阿拉伯人征服的后昊。首先，我们需要说明，阿拉伯人从来没有入侵苏丹。历旻上确实发生过的入侵是马穆鲁克王朝的入侵。马穆鲁克是矣及的一个奴隶王朝，在马穆鲁克王朝的追赶下，阿拉伯人作为难民从南部埃及进入苏丹。

有趣的事实是，阿拉伯化进程最猛烈的地方，不是在作为入侵目标的努比亚和贝贾，而是在没有发生入侵的丰吉苏丹国（the sultanate of Fuji）。从丰吉苏丹国在十六世纪早期建国开始到十九世纪的殖民化时期，阿拉伯化分三个不同阶段高歌猛进：在第一个阶段里，按照所有已知证据来看起源于本地南部希卢克人（Shilluk）的丰吉王室，宣称自己是阿拉伯人的后裔。例如，著名犹太探险家罗比尼（David Reubeni）可以为此作证。他在 1522 年年末和 1523 年年初访问苏丹，作为青尼罗河两岸丰吉苏丹的客人盘桓了十个月。①在听说苏丹宣称自己是先知穆罕默德的后裔后，罗比尼同样也宣称自己出自类似的家系。据罗比尼说，苏丹通常会这样对他说："大人，我的先知的儿子，你希望我为你做什么？"而罗比尼通常会回答说："我爱你并给你我的祝福……

---

①　Sigmar Hillelson, "David Reubeni: An Early Visitor to Sennar", *Sudan Notes and Records*[《苏丹笔记和记录》], 16:55-56.

以及还有先知穆罕默德的祝福……我希望下一年你能来麦加城，恕罪之城。"国王和探险家都宣称出自神圣的祖先，这应该不难理解。实际上，对于苏丹带（the Sudanic belt）上的所有王室来说，在那个时代宣称自己是先知和神民（holy men）的后裔，是司空见惯的。这种做法的最好例子是，埃塞俄比亚王室宣称，其成员是所罗门王的后裔。

在十八世纪达到顶点的商业繁荣进程揭开了阿拉伯化历史第二个阶段的序幕。斯波尔丁（Jay Spaulding）估计，丰吉苏丹国的城镇数量，在十八世纪早期还只有区区两个，到十八世纪末却增加到二十到三十个之多。① 在十八世纪初作为行政中心的城镇，到这个世纪末变成了商人和 fuqara（神民）主导的城镇。商业城镇数量的增长证明，贸易在扩大，商业人口的影响在增长。随着贸易扩大，由于贸易所产生的各种纠纷也就增加了。这时，在王室权力和商人之间，关于用来解决这些新兴争端的规则，就发生了冲突。王室主张，这种争端由习俗来裁决，但商人和与商人有关联的神民要求，这种争端应该按照众所周知对商人更友好的伊斯兰教法（sharia）来裁决。正是由于习俗与伊斯兰教法之间的冲突，

---

① Jay Spaulding, *The Heroic Age in Sennar* [《森纳尔的英雄时代》] (Trenton, N.J.: The Red Sea Press, 2007).

导致中产阶级武士（即人们所说的 Hamaj）和王室权力对抗与努力驯服这种权力，任命摄政王指导他们。商人像王室一样也是本地的。但是，一旦获得胜利，商人们就宣称自己是阿拉伯人的后裔，与先知的家族有关联，因此是新兴商业文明的成员："我们是阿拉伯人。"

阿拉伯化的第三个阶段发生在殖民时期，其高峰与反殖民主义的泛阿拉伯运动，特别是与纳赛尔主义（Nasserism）的成长和影响重叠。如果说阿拉伯身份认同在十六世纪及随后的世纪，尚限于王室家族，而随着十八世纪的中产阶级武士革命，它变成了一种中产阶级的身份认同，那么，到了二十世纪，由于反殖民主义运动，它则变成了一种大众的身份认同。

在历史上的丰吉这个北部苏丹的核心区域，阿拉伯人逐渐获得了定居下来的民族和权力的身份认同，而在阿拉伯人是一种位于权力边缘的游牧人口的身份认同的达尔富尔，情况却并非如此。与历史上主要定居而只有一小部分游牧的丰吉阿拉伯人不同，达尔富尔阿拉伯人属于那些游牧部落，这些部落在历史上沿着撒哈拉沙漠的边缘移动，生活在兴起于撒哈拉生态圈内的各个国家的边缘。

根据历史学家们的叙述，达尔富尔苏丹国形成于 1650 年前后。四个制度为这一中央集权权力机构提供了基础，使其可能统治建立在土地基础上的各地方权力机构。其中包括：一种土地制度，伊斯兰教作为一种宫廷宗教，阿拉伯语作为一种宫廷语言，以及一支新发展起来的常备军和行政队伍。苏丹们授予其臣民以两种土地许可，一种是集体性的，另一种是个人性的。这两种许可分别被称为行政性哈库拉（hakura）和特权哈库拉，作为书面王室令状发布，其中许多现在还保存在北达尔富尔的埃尔法舍尔（El Fasher）博物馆里。集体许可更多是对于已经为各村社所持有土地的正式承认，而向宫廷显贵授予个人所有权却是苏丹国土地保有权发展过程中真正革命性的新起点。随着时间的流逝，个人保有权的重要性逐渐增加，同时集体保有权的重要性渐次减少。个人土地保有许可与一种王室官僚制的发展齐头并进：一个被王室任命到外省的人选被称为玛奇度（maqdum）。最初被任命到游牧地区的玛奇度很快就变成了苏丹在农民村社中进行统治的一种标准配置。

伊斯兰教作为一种宫廷宗教的实践与阿拉伯语作为一种国家事务用语并行。达尔富尔的伊斯兰教在苏菲兄弟会（tariqas）的形式下组织起来，并且在极大程度上被西非的影响所塑造。有记录表明，早在十一世纪，西非朝圣者就穿过达尔富尔前往麦加朝圣。留在家里的人几乎很少指望朝圣者返回；也正是因为这个原因，为朝圣者送别的仪式与葬礼上的仪式是一样的。除此之外，在十九世纪和二十世纪，还有一些因素为移民潮推波助澜：最重要的是在十九世纪抵抗西方征服失败之后的难民逃离，以及在二十世纪里邻近各法国殖民地由于强迫艰苦劳动引发的逃离。诸如富拉尼人等，作为群体来到并采用一个南达尔富尔阿拉伯部落——组成南方里宰加特（Southern Rizeigat）的部落之一——的身份认同。奥费伊（O'Fahey）是达尔富尔的一个历史学家，他估计到 1980 年前，达尔富尔的西非移民可能占该省人口多达百分之三十。①

　　苏菲兄弟会的学识渊博的神民，也就是 fuqara，是苏丹国从中招募官僚阶层成员的一个来源。另外一个重要来源——也是更重要的来源——是奴隶。奴隶贸易的大量证据表明，那些被奴役者主要还是留在了苏丹国内；只有一小部分在埃及被出售。那些一直留下来的奴隶大多参加了军队。从奴隶中最野心勃勃和最有才能的 eunuchs（阉人）中产生了王室奴隶行政官，包括玛奇度（maqdum）。奥费伊说，在十九世纪初，王室奴隶是如此大权在握，他们甚至可以决定王位继承人；也正是因为如此，在 1830 年后，在达尔富尔

---

① Rex S. O'Fahey, *State and Society in Dar Fur*[《达尔富尔的国家与社会》], pp.4-5.

看不到关于王位继承的战斗。由于被规则排除在王位继承之外，王室奴隶就进行报复，变成了控制王位继承的监护人。

尽管其名字是达尔富尔（Dar Fur），该苏丹国却不是一个部落王国。随着王国的成长，富尔人在其种族构成中开始成为一个少数民族。当王国巩固下来，苏丹们将宫廷迁移到富尔人的历史区域之外，在北部的埃尔法舍尔（El Fasher）建立首都。苏丹们和他们的臣民们一样是本地人，但是像当时的许多王室家族一样，他们也宣称自己是阿拉伯人的后裔。在苏丹国的精英阶层中，有三个突出群体：宫廷和军队官员主要从王室奴隶中征募；神民（fuqara）中的一些人来自尼罗河谷，但大多数来自西非；商人主要来自尼罗河谷。这是一个世界性多于地方性的精英集团。它包括两种不同的移民群体：来自南部的被迫移民（奴隶）和来自西非和尼罗河谷的自由移民。虽然阿拉伯移民的比重在达尔富尔很小，甚至比丰吉苏丹国的阿拉伯移民的比重还小，但阿拉伯化进程的意义却是一样的。阿拉伯语是宫廷语言，商业语言，神学语言，以及教育语言。个中缘由不在于移民的事实，而在于国家和市场形成的进程。

奴隶制和奴隶贸易对于国家形成的进程来说是关键性的。与现代奴隶制的市场驱动特点不同，前现代奴隶制主要是被国家的要求所推动的。奴隶是从军队到官僚阶层的国家重要机构的人力来源。王室家族需要摆脱对建立在土地基础之上的利益人群的依赖。为了建立一支可靠的军队和官员队伍，它需要一种独立于地方氏族和部落的人力资源来源。忠诚是稀缺资源，它被看作是缺少依附的一个功能函数。为了获得这样一种忠诚士兵和官吏的来源，王室转向奴隶。由于被用强力从其出生地的社会分离开来，奴隶可以被任意移动，无论是从一个地方移动到另一个地方，还是在国家的等级制度中上下移动。去势奴隶——阉人（the eunuch）——成了这种缺少依附的最极端的例子，他们作为颇为宝贵的代理人而为那些当权者所重视。不仅是王室奴隶经常被阉割，那些奴隶中最有野心和抱负的人，有时也会为了有机会一展宏图，实现自己的青云之志而接受阉割。在前资本主义世界的王国和帝国中，与在资本主义世界的种植园里不同，某些天赋聪明的奴隶上升到国家等级制度的顶层，位列国家官员的重镇，这并非凤毛麟角。达尔富尔的头衔持有者等级，正如在其他苏丹国一样，既包括自由人出身的人，也包括奴隶出身的人。其中最著名的是穆罕默德·库拉（Muhammad Kurra），泰腊卜苏丹（Muhammad Tayrab）治下东达尔富尔当然总督（ex-officio governor）。前现代的王室奴隶是优秀的公务员，甚至连一种私人感情的可能性都没有。

所有证据都指向一个结论：北苏丹丰吉苏丹国和达尔富

尔苏丹国的奴隶制不是从外面引进的。它是作为一种地方制度发展起来的，与之伴随的是中央集权权力机构在这两个苏丹国的发展。对于"阿拉伯奴隶制"（Arab slavery）这个说法，我们必须记住，非苏丹人，无论是欧洲人还是阿拉伯人，他们都是后来才参与苏丹的奴隶贸易的，事实上是随着种植园奴隶制在十八世纪晚期从加勒比群岛向印度洋群岛，以及随着土耳其—埃及人（Turco-Egyptian）统治在十九世纪早期从埃及向苏丹前进而发生的。杜波伊斯（W.E.B.Du Bois）在《非洲与世界》中曾一再强调这一事实。

马赫迪运动

在英国殖民历史上，就反对帝国主义运动的重要性来说，马赫迪运动（Mahdiyya）在一系列运动中必须被排在第二位，仅次于1857年在印度发生的起义。它动摇了帝国统治的根本基础，推动了政策反思。如果说，1857年运动导致了对于印度的文明化事业的反思，那么，马赫迪运动则造成了1857年经验向英国各非洲殖民地的积极传播，而其起点是达尔富尔。马赫迪运动唤起了跨地区、反殖民的幽灵；而殖民统治对此的回应是部落化，即一种将专制统治分权化的地方治理形式。

苏丹北部的土耳其—埃及（Turco-Egyptian）殖民地从
1821 年持续存在到 1886 年。它摧毁或制服了旧的统治精英
们。唯一幸存下来的、具有能够为全国性抵抗提供基础之潜
能的制度是苏菲兄弟会（Sufi brotherhood）。因此，毫不奇
怪，当抵抗来到时，兄弟会处于最前线。好战的马赫迪主义
（Mahdism）是从西非输入的。人们期待着一个弥赛亚、一
个马赫迪与新伊斯兰千年盛世一同到来。这种期待曾经在苏
丹带上广泛传播。

苏丹马赫迪运动是一种矛盾现象，它在政治上是解放性
的，但在社会上是压制性的。就积极方面来说，这是一个由
众多反对外国占领族群形成的广泛的反帝联盟。西部（科尔
多凡和达尔富尔）各民族与尼罗河流域各民族携手参加同一
个运动，这还是第一次。与任何其他运动相比，马赫迪运动
在塑造一种共同的北苏丹身份认同的基础方面都更为功不
可没。此外，马赫迪运动，特别是其军队——经常以托钵
僧（Dervish）知名——与苏丹南部关系紧密。军队的关键
成分是骑兵和火枪手。托钵僧骑兵主要是从游牧的巴卡拉人
（Baqqara）中招募的；巴卡拉人是著名的马和骆驼骑手。安
萨尔火枪手——"装备着从被杀死的敌人身上或从他们占领
的埃及人军火库获得的单发 45 毫米口径莱明顿后膛枪"的

圣战组织——通常来自南部努巴山脉或西部。[①] 在革命过程中，巴津格（bazinger）——奴隶贸易贩子从南部招募的私人军队——中的许多人加入马赫迪运动，还有许多政府军士兵也是这样。[②] 马赫迪（Mahdi）本人在革命成功和国家建立几个月之后就去世了。继承马赫迪的哈利法（Khalifa）整合军队中达尔富尔的巴卡拉部落并建立起他自己的精英亲兵部队穆拉子民（mulazimin）；这些战士同样也多数是南方人。[③] 作为一个运动，马赫迪运动不仅从阿拉伯化北部（the Arab north），而且还从西部（达尔富尔和科尔多凡），南部及其邻近地区（努巴山脉），招兵买马；它是第一个穿透苏丹的北方和南方，东方和西方，阿拉伯区域和非阿拉伯区域的运动。许多苏丹人在随后几十年的反殖民运动中认为马赫迪是国家之父（the father of the nation）。这种观点是正确的。

---

① Robin Neillands, *The Dervish Wars, Gordon and Kitchener in the Sudan, 1880-1898*[《托钵僧战争，戈登和基奇纳在苏丹 1880—1898》]（London: John Murray, 1996），p.66.

② Douglas H. Johnson, "Recruitment and Entrapment in Private Slave Armies: The Structure of the Zariba in the Southern Sudan", *Slavery and Abolition*[《奴隶制和废奴运动》], 13:1 （April 1992），pp.162-173.

③ Fergus Nicoll, *The Sword of the Prophet, The Mahdi of the Sudan and the Death of General Gordon*[《先知之剑，苏丹人的马赫迪以及戈登将军之死》]（UK: Sutton publishing, 2004），p.7.

马赫迪运动也释放出针对那些非其阶层的人的血腥暴力，让人不禁想起奴隶袭击的血腥暴力。虽然马赫迪在建立国家之后几个月就去世，暴力在他的副手，出身于西非一个移民家庭的阿卜杜拉·哈利法（Khalifa Abdullah）的统治下却得以继续。从 1885 年到 1888 年间，本来是马赫迪运动的坚定支持者的巴卡拉人和富尔人发起了一系列反对马赫迪国家的反叛。哈利法用残忍的暴力来回应反抗，包括强制人口从南部达尔富尔迁移到科尔多凡和马赫迪派首都恩图曼（Omdurman）。在掌权的十三年里，哈利法使粉碎反对他的任何部落集团的权力成为既定政策。卡巴比人（Kabbabish）和贝贾人的命运就是这样：二者都被剥夺了生计，在中央集权马赫迪国家的统治下处于贫穷和被压制的境地。由于极端的暴力，再加上大面积的饥馑和毁灭性流行病，据估计接近三分之一苏丹北部的人口，在从马赫迪派胜利并进行统治开始到随后的英国征服之间的时期里死去。虽然英语学术界的大多数马赫迪运动研究受到对于马赫迪运动没有好感的英国文献的影响，新近的研究文献却倾向于承认，马赫迪运动在苏丹人中获得了广泛的支持。"马赫迪苏丹不是一种彻底的暴政，尽管英国人试图将它说成是这样。哈利法·阿卜杜拉履行他的职责，坚定但公正地进行统治，苏丹人在他的统治下非常满意，毫无疑问比他们在埃及人统治下时要幸福很多，而如果不是英国军队在十九世纪最后十年里返回，马赫迪国家完全可能继续存在和繁荣发展。"①

马赫迪运动与二十世纪早期非洲发生的许多反帝运动相似。所有这些运动都面临着一个看起来似乎不可解决的问题，即规模的问题。如何铸造一种跨地区运动，以对抗帝国的跨国家力量，这是个大问题。这一问题在许多地方以相似的方式得到解决：共同的线索是一种精神性意识形态——就像在坦噶尼喀（Tanganyika）发展起来的马及马及（Maji Maji）起义，或在罗德西亚发展起来的绍纳（Shona）起义中的那样——的号召力。正如伊利弗（John Iliffe）在马及马及起义中所注意到的："在这样一种发展壮大中的核心人物是先知，他宣布新的宗教以便超越旧的宗教，宣布新的忠诚以超越部落和亲属关系的旧的忠诚。"②先知所提供的圣水，马及（maji），不仅为免受白人的火力的伤害提供了保证，而且在那些接受圣水的人中间造成一条持久的纽带。马及马及运动让其德国对手感到恐惧，他们在其中看到了一种政治转变临近的迹象。

马赫迪运动是这一时期内最大规模的抵抗运动，至少是

---

① Neillands, *The Dervish Wars*, p.155.

② See John Iliffe, *A Modern History of Tanganyika* [《坦噶尼喀现代史》] (Cambridge, U.K. and New York: Cambridge University Press, 1979).

自从 1857 年印度起义以来最大规模的运动，它从根本上动摇了帝国的基础——不仅在伊斯坦布尔，而且在巴黎和伦敦。1885 年 2 月 6 日《泰晤士报》（伦敦）指出："喀土穆陷落的消息所引起的震撼，对于当前这一代人的经验来说是前所未有的。""我们在东方的权力跌落了"，女王在给一位亲信的信中说，"我们再也无法昂起我们的头了"。自由主义派的首相格莱斯顿（Gladstone），本来是帝国扩张的坚决反对者，也小心地隐藏起他的右翼观点，告诉他的内阁说，英国无论如何不能忽视"马赫迪的胜利对于我们的伊斯兰臣民会产生的影响"。面临着与英国在印度之生死存亡一样的严重处境，内阁决定它必须为戈登（Gordon）复仇。①

　　这一复仇的结果是一场毁灭性的胜利。基奇纳将军（General Kitchener）指挥军队在离马赫迪首都恩图曼只有几英里远的平原上赢得了这一胜利。恩图曼战役是在哈利法的建议下发动的，他的队伍最后被极大地削弱了，结果

---

① "Our Power", Victoria to Sir Henry Ponsonby, Feb. 5, 1885, George E. Buckle, ed., *The Letters of Queen Victoria*[《维多利亚女王书信选》]（London: John Murray, 1928), 3:598); this and Gladstone cited in Dominic Green, *Three Empires on the Nile: The Victorian Jihad, 1869-1899*[《尼罗河上的三个帝国：维多利亚圣战，1869—1899》]（New York: Free Press, 2007), p.199.

对马赫迪运动来说是彻底的灾难。[①] 托钵僧大约在恩图曼伤亡 26000 人，损失惨重。[②] 基奇纳军队受到的损失则微不足

---

① 哈利法在临近午夜时召开最后会议。他的将军们不顾一切地想要避免第二天白天与英国人的对抗，希望迫使他同意发动新的夜间进攻。这一行动的最有力的倡导者是 Ibrahim al-Khalil ，来自西部边疆宰加特氏族的年轻的埃米尔。而最有名望的安萨尔将军迪格那（Osman Digna），昔日红海起义年代的英雄支持他。他说，他认识这些英国人已经十五年了，认为应该在夜间攻击他们。"你不能不用欺骗就打败他们。"迪格那指出，安萨尔军队过去赢得战斗的方法是：突然袭击，出其不意，通常是在黎明时分发起近距离冲锋之前潜伏前进，尽可能利用夜色和自然掩护物。在开阔地带和光天化日下展开进攻确实勇敢但是无异于自杀。反对意见的领导者是哈利法的儿子，其"绿旗"下的亲兵卫队穆拉子民的指挥官，"Osman" Sheikh al-Din。争论变得越来越激烈，最后，像过去一样在他的兄弟、黑旗师指挥官 Yaqub 的支持下，哈利法下达最后的命令："我们早上在祈祷后开始战斗"（Green, 258）. 亦参见 L. Carl Brown, "The Sudanese Mahdiya," in Robert L. Rotberg and Ali A. Mazrui, eds., *Protest and Power in Black Africa* [《黑非洲的抗议和权力》]（New York: Oxford University Press, 1970），p.147。关于马赫迪要求追随者追随这些榜样的一个早期例子：Muhammad I. Abu Salim, *Al-Athar Al-Kamila lil Imam al-Mahdi,* vol. 1（Khartoum: Khartoum University Press, 1993），pp.162-164. 亦参见 Dr.Fisal Muhammad Musa, "Judiciary and the Nile Fleet in the Mahadiya State in Sudan"（lecture given at Fifth International Conference on Sudan Studies at Durham University），1999; Aharon Layish, "The Legal Methodology of the Mahdi," *Sudanic Africa* [《苏丹非洲》]（1997），8: 37-66。

② 根据英国方面的文献记载，在哈利法 52000 人的精锐作战部队中，大约 12800 人战死，以及多达 16000 人负伤。英国部队的伤亡数字是总计

道：仅仅是 48 死 82 伤。我们该如何理解这一悬殊的后果？史蒂文斯（G. W. Stevens），英国战地记者之一，这样总结马赫迪军队的业绩："我们的人是完美的，但是托钵僧是超完美的。在为了马赫迪主义而与我们作战的部队中，这是曾经有过的最大规模、最优秀和最勇敢的部队，其死亡配得上马赫迪主义赢得和保持如此长时间的巨大帝国。"关于这场战争的一个晚近叙述得出结论说："如果对于哈利法部队的估计是正确的话，那么，这代表了大约百分之五十的伤亡比率——这是献给安萨尔之勇敢的礼物，同时证明了，面对密集人群，现代武器具有可怕的效果。"[①] 恩图曼战役不仅仅证明，在现代反殖民主义者的起义和殖民主义者对起义的镇压之间，发生的并非力量均等的竞赛；它也让我们看到，当武装力量受到挑战时，它所能做出的野蛮行为的规模有多大。马赫迪军队遵守殖民地战争的传统与其悲剧性的结果并非是没有关联的。

---

28 死 147 伤。另外据说，英国官员以及埃及团和苏丹团中的"原住民部队"中，有 20 人死 281 伤。Heather Sharkey, "A Jihad of the Pen: Mahdiya History and Historiography" (unpublished, draft lecture, November 18,1993), 5, cited in Fergus Nicoll, *The Sword of the Prophet, The Mahdi of the Sudan and the Death of General Gordon*, p.5.

　　① Neillands, *The Dervish Wars*, p.211.

如果说大多数安萨尔明知结果是死亡和失败仍然奋不顾身，为什么英国军队，在如此压倒性优势的有利条件下，继续派送死亡和毁灭？观察者对这种野蛮行径有几种解释。首先，失败肯定意味着死亡："如此有效地进行射击的英国军队不过是同样意识到，他们是在为他们的生存而射击。"但是，为什么要一直杀戮到最后才罢手？为什么让受伤的人死掉？"战斗留下了大约六千名托钵僧伤员，其中许多现在死了，或正在沙漠里或市区里死去"①。除了自我保护，我们还必须加上另外一个动机：对手被彻底脱人性化（de-humanization）。丘吉尔报告说，军队中的许多人是如此怒火中烧，渴望复仇，以至于在耀武扬威的英国媒体的鼓噪下，他们开始将安萨尔看作是"病毒——不宜活下去"，"我必须个人性地记录，存在着一种普遍的印象，认为俘虏越少，指挥官会越满意。"②

基奇纳本人同样渴望复仇。在恩图曼胜利与不得不出发前去与法绍达（Fashoda）的法国指挥官会面的短暂时间里，基奇纳竭力抹掉对马赫迪的记忆。9月6日，基奇纳命令毁掉马赫迪的坟墓，将他的尸体挖出并扔到尼罗河里——该任

① Neillands, *The Dervish Wars*, p.213.

② See Thomas Keneally, *Bettany's Book* [《贝塔尼之书》]（London: Sceptre, 2001）pp.85, 6; Fergus Nicoll, *The Sword of the Prophet, The Mahdi of the Sudanand the Death of General Gordon*（UK: Sutton publishing, 2004），pp.3-6.

务由已故将军的侄子戈登少校（Major W. S. Gordon）负责。在将马赫迪的头颅从其身体分开之后，年轻的戈登决定将头颅呈献给基奇纳，这样将军就可以"务它放在一个架子上并用它来装墨水"①。

当英国人征服马赫迪运动后，他们将达尔富尔苏丹国确立为一个英国保护国，其方式与印度的许多公国多少相似。在他们确立了对于达尔富尔的直接控制之后，他们使其成为自己在苏丹的战略的核心。英国在达尔富尔政策的核心，一言可以蔽之：部落化。作为一种治理策略，部落化是原住民行政和间接统治的核心，其目的是成为马赫迪主义的解毒剂。

部落化作为一种政治策略

原住民行政（native administration）的关键是在"原住民"和"外乡人"（Strangers）之间的一种行政区分。原住民被说成是该地区起源的，而非原住民被标志为非原住民，即使他们在这一地区已经生活了许多代人。达尔富尔省被分成许多小块乡土，达尔（dars），每一块乡土属于一个行政上被

---

①　Neillands, *The Dervish Wars*, pp.213-214,215-216.

标识为原住民的部落。达尔被认为是生活在其上的原住民部
落的乡土。如果移民（immigrants）想要获得土地使用权，
他们只能作为"外乡人"，向原住民权力机构缴纳一份特殊
贡赋。全部非洲土地都被认为归部落所有，因此，所有其他
形式的所有权，包括在苏丹国时期引进的个人持有土地——
拥有特权的哈库拉（hakura）——都成为过去。当代达尔富
尔的哈库拉制度不是苏丹国时期土地制度的一个继续；相
反，它开始于英国人引进部落化进程之后。

虽然专名"达尔"让人想到习俗上的用法，其意义却被
颠覆了。在过去，"达尔"具有多重含义，家乡（home）代
表多重所在之一，始于一个人的直接居住地并扩展到一系列
同心圆。但是现在，"达尔"将殖民统治的行政单位标识为
家乡。家乡变成了部落的领土——部落乡土——，在这块领
土上，部落被定义为原住民的。它定义了某些人对土地的使
用权，对治理的参与权，还有其在争端裁决过程本身中的优
先权，仅仅这一事实本身就将在行政上定义的"达尔"变成
了一个真正有意义的实体。虽然是通过殖民地法律以及相关
行政措施从上面强加的，部落身份认同却逐渐变成了自愿组
织的基础。从上面强加的原住民身份认同导致一种原住民主
体性（a native agency）。

虽然我刚才是在达尔富尔的语境中描述这一制度的，但

这一制度在我研究的所有非洲语境中都可以观察到：从东非到尼日利亚，从苏丹到南非。只有卢旺达是一个例外。在苏丹和卢旺达之间的巨大区别在于，在苏丹那里，英国人将一种种族化编史与一种部落化的行政管理、土地占有以及争端解决并置；而在卢旺达，却是一切都被种族化了，无论是编史，还是土地占有制度，或地方行政管理和争端解决。所有的制度都无例外地给予图西人相对于胡图人的特权。

一个明显特性也使达尔富尔的殖民经验与众不同。如在达尔富尔所实现的那样，原住民权力机构体制将农民部落和游牧部落之间的不平等体系予以制度化。这一遗产导致一个三层社会——农民，半游牧民，游牧民——并最终导致灾难性的后果。殖民国家主要从一种政治视野来看待农民 / 游牧的区分，因为意识到更容易控制定居民族而推动这种区分。农民部落被授予的乡土（达尔）多少与他们在殖民地时期的定居区域吻合，而南部半游牧的养牛部落（巴卡拉人）的被缩小的达尔多少与他们的定居区域吻合，但并非总是包括他们的放牧区域在内，其原因主要在此。与此截然不同的是，北部完全游牧的养骆驼部落（阿布拉人）则没有定居的村落，常年漫游，因此就没有获得达尔。

部落存在于殖民统治之前吗？如果我们理解的部落是一个有共同语言的族群，那么部落存在于殖民统治之前。但是作为一种行政实体，它区分原住民和非原住民，并通过定义使用土地、参与地方治理以及按照部落身份裁决争端的权利，制度性地对二者区别对待，优待前者而差别对待后者，那么，这种部落显然在殖民统治之前并不存在。也许有人会问：在种族主义之前是否存在种族？作为肤色、表型差别的种族存在于种族主义之前。但是作为建立在"种族"差异之上的一种群体区别对待的支点，这样的种族在种族主义之前并不存在。当代种族研究者中的一种共识是，虽然种族不存在，种族主义——一种建立在将种族当做实在的认知或信念基础上的法律或社会的差别对待系统——确实存在。与种族一样，只有在殖民主义下，部落才变成单一的、排他的和整体的身份认同。特别是，部落是一种政治推动下的、现代的、具有整体化作用（totalizing）的身份认同。

作为一种整体化身份认同，部落乃是种族的一个亚集。二者都代表了一种特权和差别对待的语言。殖民国家建立在种族和部落的双重差别对待的基础上。种族差别对待在中央国家得到制度化，而部落差别对待在地方亚国家中得到制度化。种族被说成是有关一种文明等级体系，而部落被说成是反映了某一种族内部的文化（民族）多样性。如果说中央国家根据文明程度理由来正当化针对原住民种族的不利正向差别对待，那么，地方国家则根据起源和差异的理由来正当化对于原住民部落的有利反向差别对待。

与罗马帝国比较

英国人认为自己是罗马帝国的现代继承者。他们宣称自己是法治（rule of law）的承担者，他们将这种法治看作是殖民主义的文明化使命的核心。大英帝国与罗马帝国有哪些相似，又有哪些不同？

梅因在《早期制度史讲义》中写道："仅仅由于一个原因，罗马帝国就应该被视为与古代及现代的东方专制主义（the Oriental despotisms）、甚至与著名的雅典帝国（Athenian Empire）迥异。后面这些帝国都是征税帝国，很少或根本不干预村社或部落的习俗。罗马帝国尽管也征税，但它此外还是一个立法帝国。它摧毁当地的习俗，代之以自己的制度。它仅靠立法就在一大部分人类的历史上造成了巨大的断裂，在这方面它也举世无双，只有现代的大英帝国对印度历史造成的断裂除外，尽管这种类比不很完美。"① 我已经论证说，英国和法国野心勃勃，力图将他们各自的制度输出到其帝国的不同部分，并在这一过

① Maine, *Lectures on the Early History*, p.330.

程中同化地方精英，却很快就宣告失败。面对旧精英们的抵抗，以及新精英们对平等公民权的要求，各现代欧洲帝国从同化的方法转向区隔（segregation）的方法。他们不再野心勃勃地通过吸收新精英们传播民法，而是深谋远虑地与老精英们缔结某种习俗性盟约。不是在罗马和现代欧洲各帝国之间的类比，而是二者之间的对比，可以帮助我们认识，各帝国在现代民族国家时代在哪些方面已经改弦更张。

罗马共和国的扩张分两个阶段，第一个阶段是向意大利扩展，第二个阶段是向海外继续扩展。意大利的经验对于罗马海外行省统治的性质具有深刻的影响。罗马在遍及意大利的范围内安置其公民，并确保他们在地方事务上有自我治理的权力。他们作为样板使各种各样的共同体熟悉了拉丁语和罗马人的制度，同时使本地精英因此相信，"如果他们可以获得稳定的公民身份的话，他们的地方自主性将不会受到什么损失，却会从罗马行政官那里获得许多特权、保护，甚至政治权力"。当罗马帝国拒绝给予公民权，各意大利共同体在公元前 90 年起来反叛。罗马于是承认公民权。到了奥古斯都时代，所有意大利人都变成了罗马人。① 从公元前三世

---

① Peter A. Brunt, *Roman Imperial Themes*[《罗马的帝国主义主题》]
(New York: Oxford University Press, 1900), pp.114-115.

纪开始，罗马帝国将其统治扩展到海外。只要能找到地方寡头，罗马就通过他们进行统治。标准模式是，罗马人让本地精英负责控制民众，回报是为这些精英们的自由提供有效保护，特别是对他们财产权的保护。

　　罗马帝国统治的突出特点是"包容的理想"（ideal of inclusiveness）。[1] 在历史过程中，罗马人越来越使公民权成为包容性的。[2] 罗马的公民权首先是授予共同体的，然后才是授予个人的。在历史过程中，罗马向无论是臣民民族（subject peoples）还是奴隶们都开放了公民权。从公元前五世纪他们的某些拉丁邻居开始，罗马人在公元前 90 年的反叛之后决定给予全部意大利共同体以公民权。[3] 最后，罗马皇帝卡拉卡拉（Caracalla）在公元后 212 年授予罗马世界的

---

　　[1]　Peter A. Brunt, *Roman Imperial Themes*[《罗马的帝国主义主题》]（New York: Oxford University Press, 1900），p.317.

　　[2]　在克劳狄皇帝统治时期，关于是否允许高卢人出任元老院议员之职，在元老院发生了争论。在争论中为支持扩大罗马公民权的论点，在今天是值得注意的。克劳狄为允许高卢人进入元老院的三个理由之一是，"允许外国人加入罗马国家，这是古代罗马的传统"。Greg Woolf, *Becoming Roman: The Origins of Provincial Civilization in Gaul*[《变成罗马人：高卢行省文明化的根源》]（New York: Cambridge University Press, 2000），p.64.

　　[3]　Andrew Lintot, *Imperium Romanum*[《罗马帝国》]（New York: Routledge,1997），p.161.

所有居民以公民权。① 罗马变成了多元文化的。尽管名为罗马帝国,帝国的罗马色彩却越来越少。在第三个世纪,大多数元老院议员不是意大利人。图拉真(Trajan)以降,大多数皇帝来自行省。公元后 247 年,永恒之城在一个阿拉伯酋长的统治下庆祝其建城一千周年。②

罗马也愿意向自由的男性奴隶授予公民权;只有犯罪的奴隶完全被排除在公民权之外。向奴隶授予公民权的做法是如此流行,使罗马人甚至开始担心,"有些外国人暂时伪造奴隶身份,以通过奴隶解放的方式获得罗马公民权"。罗马的公民权越是成为普遍性的,它所包含的法定平等权利也就变得越少。一方面,"各上层阶级处于特权地位,享有某种教士阶层的好处"。另一方面,一个成为公民的前奴隶的身份"带有某些政治和法律的弱点"③。罗马妇女的地位也受到贬低。虽然她可以将选举的权力给予她的奴隶,但她自己却不能选举。

在帝国内存在着两种罗马共同体。第一种是定居地

───────────────

① Martin Goodman, *Rome and Jerusalem, The Clash of Ancient Civilizations*[《罗马和耶路撒冷,古代文明之间的冲突》](New York: Random House, Vintage Books, 2008), pp.156-158.

② Brunt, *Roman Imperial Themes,* p.118.

③ Martin Goodman, *Rome and Jerusalem, The Clash of Ancient Civilizations* (New York: Random House, Vintage Books, 2008), p.157.

（colonies，coloniae），通常是变成了罗马公民的前士兵们居住的城镇。退役辅军士兵们（demobilized auxiliary soldiers）在解甲归田之后有权为他们自己、他们的妻子和孩子获得罗马的公民权。[1] 定居地的章程和法律完全是罗马的。和意大利的城镇一样，这些城镇是免直接税收的。[2]

定居地是在东方建立起来的，而自治城（municipia）却更多的是西方的特点。自治城可以拥有或罗马或拉丁的身份。罗马的身份表示这是罗马公民的共同体；相反，拉丁身份则代表一种中间位置：在过去存在的受罗马法管辖的共同体和那些只有治安官——以及在罕见的情况下所有城市议员——获得罗马公民权特权的共同体之间的中间位置。拉丁人的权利限于一个罗马公民的私人权利——包括与罗马人通婚，继承罗马人财产，有权拥有罗马人的土地——而非政治权利，除非是当出现在罗马时象征性地参加罗马人的集会。[3] 舍文·怀特（Adrian Sherwin-White）是这样概括主要

---

[1] Lintot, *Imperium Romanum*, p.167.

[2] 此外，赋有特权的共同体被元老院法令授予"自由"城市的地位。Lintot, *Imperium Romanum*, p.154.

[3] "这些权利本来包括移民到罗马、享有罗马的公民权但同时失去他们在原来共同体中权利的权利，但是，在公元前二世纪早期，拉丁人自己由于人口减少的理由而要求取消这项特权。"Lintot, *Imperium Romanum*, p.161.

发展的："作为共同体而非作为个人，按照各种赋予能力的法律，意大利同盟者最终融入罗马国家中。……当它们不再是国家，它们就变成了自我治理的自治城市(municipia)。"①

若问究竟是何种机制使罗马能够将五千多万人的帝国聚拢在一起，答案很简单：不同种类的公民权，包括完全权利的罗马公民权，部分权利的拉丁公民权，二者共同将外省与罗马联系起来。② 但是这并非全部的故事，因为多数希腊城市一直是拥有它们自己的宪章和地方政府的共同体。③

在帝国的西方部分和东方部分之间的巨大差异在于，罗马人往往让西方布满了士兵们的定居地，但却与地方精英联合治理东方。④ 突出的事实是，控制东方的城市并不需要军队，因为本地公民中最有权力的公民们，也就是罗马人已经授予其平等权利的那些人，维持秩序和保证忠诚。阿里斯提戴斯（Aelius Aristides）是获得了罗马公民权的一个东方地

① Adrian N. Sherwin- White, *The Roman Citizenship*[《罗马的公民权》] (New York: Oxford University Press, 1973), p.150.

② Leonard A. Curchin, *The Romanization of Central Spain: Complexity, Diversity and Change in a Provincial Hinterland* [《中部西班牙的罗马化：行省腹地的复杂性，多样性和变迁》] (London and New York: Routledge, 2004), p.123.

③ Lintot, *Imperium Romanum*, pp.130-131.

④ Sherwin- White, *The Roman Citizenship*, p.411.

主的儿子。他对罗马的著名赞颂令人印象深刻：罗马帝国是第一个建立在同意而非武力上的帝国。在西方，公民权也更为普及。不仅整个共同体可以在许多情况下拥有公民权，而且众多个人也可以作为军事服役的报答而获得公民权，因为超过三分之二的罗马军队在西方行省征募和驻扎。①

对这些一般概括来说，有一个明显例外，那就是东方的犹地亚（Judaea）。虽然罗马人通常的做法是在东方行省将控制权交给"本地王朝经过选择的后裔"，在罗马军团于公元前 37 年征服耶路撒冷之后，希律（Herod）却被罗马元老院任命为犹地亚的王，开始了一个新时代，标志着这项政策中断了。②"与犹太人战前所享有的相对于罗马人干预的普遍自由来说"，七十年后的耶路撒冷"变成了一个被占领城市"③。对于罗马人统治的反抗在犹地亚尤其猛烈，而许多作家将这一事实归结为意识形态因素，归结为宗教在动员犹太人反抗罗马人方面的作用。④

---

① Brunt, *Roman Imperial Themes,* pp.267-268.

② Martin Goodman, *Rome and Jerusalem, The Clash of Ancient Civilizations*（New York: Random House, Vintage Books 2008）, pp.53-54.

③ Ibid., pp.438-439.

④ Benjamin Isaac, *The Limits of Empire: The Roman Army in the East* [《帝国的界限：罗马军队在东方》]（New York: Oxford University Press, 1990）, p.83.

关于帝国，罗马人做了两个宣称：一个是宣称它提供安全；另一个是宣称它维护 humanitas（人道）。罗马人在各行省提供安全至少达六个世纪，这是一项了不起的纪录。[①] 它关于自己是人道之监护人的宣称，在许多方面类似当代西方关于自己是文明之灯塔的宣称。作为"人类关系中的指导原则"，作为强调"主人对奴隶、统治者对其臣民的关心"的原则，"人道"的观念发源于斯多葛派。但是，到公元前一世纪晚期，人道已经被表述为一个彻底的罗马概念。正是按照这种精神，西塞罗（Cicero）教导他的兄弟，"如果命运让你拥有了统治非洲人或西班牙人（Spaniards）或高卢人（Gauls）这样一些桀骜不驯和野蛮的民族的权力，无论如何，你还是应该出于你的人道，关注他们的生存，他们的需

① "也许我们应该从罗马帝国学到的最重要一课是，不要过分夸大罗马帝国的成就。罗马人确实带来了凝聚力，但是这种凝聚力并非一个城市的凝聚力，或者一个民族国家的凝聚力，或者哪怕是带有一个正常章程的国家联盟的凝聚力。我们往往愿意将罗马理想化，将它看作是一个普世社会，这在一定程度上是由于当时的某些说法，如我们在 Aelius Aristeides 那里所看到的说法，但更重要的原因是由于在帝国晚期成长起来的一个传统，而我们自己就是这个传统的继承人；这种传统首先是发源于基督教将罗马看作是一个世界帝国和其命运是为上帝国铺设道路的观点。按照这种认识，在君士坦丁统治下，基督教世界与罗马世界变成一体，基督教国事实上就变成了一个普世社会。"Lintot, *Imperium Romanum*, p.193.

要和他们的安全"①。

西塞罗的劝诫表明，罗马人逐渐将人道看作"一种统治资格"。虽然人们认为是希腊人"第一次在历史上发明了'人道'"，罗马人却有资格被认为是将"人道"扩展到全世界的人。在这个意义上，罗马人堪称历史进步的监护人。作为一种宣称，"人道"对于罗马权力的扩展及其合法化是核心性的。②

人道在一种二分对立中是主导词，而其附属词是野蛮(barbarian)。希腊人将野蛮人在概念上界定为希腊人的反面，而希腊人，按照他们的定义，不仅仅是那些说希腊语和像希腊人一样行为的人，而且还作为一个民族是一个共同祖先的后裔。在文化上和生物学上被加以界定的野蛮人是天生的奴隶（亚里士多德语），他们是道德上欠发达的人。罗马人在很大程度上接受了这一定义——奇怪的语言，古怪的行为，道德的低下——但是共同的祖先来源对罗马人来说不是

---

① Greg Woolf, *Becoming Roman: The Origins of Provincial Civilization in Gaul* (New York: Cambridge University Press, 2000), p.68.

② Woolf, *Becoming Roman,* pp.58-60. 正如 Woolf 正确指出的："人道概念的发展可以被看作是一种反应：当罗马人在公元前最后两个世纪与希腊文化遭遇时，他们产生了一种文化焦虑，而人道概念的发展就是他们对这一文化焦虑的反应。"

一个问题。对希腊人来说，横亘在他们与野蛮人中间的障碍是"泾渭分明和难以逾越的"，但罗马人却将二者看作是"一个连续体，可以比较容易地沿着这个连续体拾级而上"。与强烈区隔主义的希腊冲动相反，"人道"界定了更为同化主义的罗马人的视野。①

当代学者已经将罗马人自居为进步——"人道"——开拓者和监护人的宣言内在化。他们的方法是将地方共同体与罗马政权之间的关系说成是一种文化变迁关系，描述为"罗马化"（Romanization）。这一概念假设，在政治权力和文化变迁之间存在着一种线性关系。即使在征服为文化变迁提供了激励的某些语境中，征服者的文化也并非总是支配性的文化。大量的例子证明了这一点：其中包括罗马人在希腊世界扩展其权力时希腊文化对罗马人的影响；中国的汉文化甚至在其被征服的同时扩展自己。汉文化首先是被蒙古人征服然后是被满族人征服，但最终这两个民族都被汉化了；② 莫卧儿人（从民族上说本来是土耳其人）统治下波斯语言和文化在印度的扩展；大英帝国统治下梵文文化在印度的扩展；以及最后，苏丹达尔富尔和丰吉苏丹国是非阿拉伯人统治的，

---

① Woolf, *Becoming Roman*, pp.58-60.

② Ibid., p.18.

但在那里，阿拉伯经典和语言得到扩展。

罗马化——或阿拉伯化——等术语声称描述了一个文化改变过程。这些词汇存在着许多严重问题。由于只有过程中一方的名字——罗马人或阿拉伯人——被提到，所以这种术语"意味着一个预先打包文化的单方面卸载而非以千变万化的方式互相适应的过程"，并将其描述为"一个高级罗马［或阿拉伯］文化加诸一个低级本地文化"。按照一个不同的视角，当地人将不被看作一个单向过程中的"客体或接受者"，而是被看作"不仅拥有知识和能力而且还拥有意志"的人类行动者。我们应该记住桑戈尔（Leopold Senghor）对他的人民所说的箴言：去同化！不要被同化！罗马化意味着"一个突然的、彻底的和绝对的同化过程"。与其将当地人和罗马人看作"尽管互动但仍然彼此分离的双向交流中的实体"，或者不如认为，二者同时卷入了一个互相改造的过程中。由于在这一过程的最后产物中，二者的成分——无论比例相差是多么悬殊——都有，并且最后的产物并非与任何一方完全相似，所以，该过程对于双方来说同时也是身份认同改变的过程。不仅仅是本地人变成了外省人，罗马人也发生了改变。古典史料模糊了这一身份认同改变的过程，而假定在过程开始和结束存在的都是固定的身份认同，用彻臣（Curchin）的话来说，这是犯了"族群形象定性"（ethnic profiling）之罪。①

梅因亦名列这些学者之中。他认同帝国建造者，并且极为赞颂罗马，以至于他往往忘记了，在罗马和各现代欧洲殖民帝国特别是大英帝国之间，存在着某些重要不同。②首先，罗马帝国惊人地长寿。布伦特（Peter Brunt）提醒我们，"在罗马最早获得的各行省，她的统治持续了六百年之久"，而"从普拉西之战（Plassey）到许可印度独立还不到二百年"。他的结论是，"与罗马的统治相比，英国人的统治的寿命是短暂的"③。其次是两个帝国被组织起来的方式不同。在现代欧洲各帝国与他们的殖民地之间不仅不存在物理上的连续性，而且"原住民停留在他们自己的环境中，各殖民地从来

---

① Jane Webster（1996），p.11；Patrick Le Roux（1995），p.17；Simon Keay（2001），p.174；Greg Woolf（2001），p.174；all cited in Leonard A. Curchin, *The Romanization of Central Spain: Complexity, Diversity and Change in a Provincial Hinterland,*（London and New York: Routledge, 2004），pp.8-14, 23.

② 与梅因的说法成为鲜明对照的是大多数英国作家所描述的不列颠形象，他们将不列颠描述为"一个行省"，在这个行省中，罗马人和原住民的差别就像现代大英帝国中的"现代英国人和印度人之间的差别一样明确"。用一个当代作家的话来说，五世纪"罗马人的离开"使不列颠人的处境几乎像罗马人到来时的凯尔特人一样。Francis Haverfield, *The Romanization of Roman Britain,* 2nd ed.（Oxford at the Clarendon Press, 1912），p.19.

③ Brunt, *Roman Imperial Themes*, p.111.

没有在任何真正的意义融入到［母国］"①。相反，罗马帝国
"一个接一个地征服和吸收邻近的民族，在这个过程中扩张
自己"。结果，罗马殖民地的臣民往往会忘记他们的各民族
身份认同，而其精英们往往会变成罗马公民。②

　　与希腊世界不同，也与现代西方各个帝国不同，罗马帝
国倾向于这样扩大自己的版图："将全部外来共同体融入他
们的政治生活，无论是作为充分权利的公民，还是作为不具
有选举权的公民。"③当行省精英们模仿罗马文化并要求相应
的政治权利，罗马没有拒绝他们；它拥抱他们。④ 正是由于
这个原因，与现代西方各帝国不同，罗马行省的政治意识很
少是不满的。布伦特提醒我们，"就在罗马统治即将消失于
高卢的那个世纪里，一个高卢诗人欢呼罗马城，说它让被征
服者分享权力，从而将世界统一起来"，并补充说，"这与我
们在大英帝国各殖民地独立日所听到的那种欢呼声是多么不

　　① 　Benjamin Isaac, *The Limits of Empire: The Roman Army in the East*
(New York: Oxford University Press, 1990), pp.1-2. 只有在后殖民地时期，
从前的殖民统治权力才面临着——用 Isaac 的话来说，——艰难地"将巨
大数量的他们从前的臣民吸收到他们自己的社会中"的问题。

　　② 　Ibid., p.2.

　　③ 　Lintot, *Imperium Romanum*, p.18.

　　④ 　Woolf, *Becoming Roman*, p.18.

同！"[1] 至少在西方，"罗马人在他们的身后留下的不是怨恨的记忆，而是对于欧洲统一的持续的向往，以及当基督教开始罗马化，对基督教统一的向往"[2]。

如果说，罗马人随着帝国扩展的脚步吸收地方精英——同时将罗马本身转变为一个多重文化中心——的本领并非孤悬古代的绝响的话，那么，这个回应是奥托曼帝国提供的，而非现代西方法兰西帝国或大英帝国提供的。如果说，大英帝国在精神上亦与其有某种肖似，那么，这是在 1857 年之前印度实行直接统治的时代，因为当时功利主义者试图将印度精英英国化，同化印度精英。在 1857 年事件之后的世纪里，大英帝国从一种集中关注精英的同化主义政策转向一种以群众为基础的文化主义政策。这一政策的目的不是文明化精英，而是塑造大众主体性。至少在这个意义上，以间接统治之名为人所知的那一事业，比罗马人曾经想象或尝试过的事业，要更有雄心壮志。

---

① Brunt, *Roman Imperial Themes*, p.122.

② Ibid., p.133.

第三章 超越移住民与原住民[①]
——脱殖民化的理论与实践

---

① 本章译文参考了王立秋女士的译稿，特此致谢。——译者注

最关心脱殖民化的是推动民族主义运动的两个群体：知识阶层和政治阶层。他们动手建立民族国家，前者赋予独立的国家以历史，后者则创造一种作为民族国家主权之基础的共同公民权。这两个计划都在内战的硝烟中登场。现在，是提出这个问题的时候了：迄今为止我们学到了什么？我们在多大程度上超越了移住民关于自己是世界多元主义之守护者的声称，以及原住民主义者（nativist）对起源与本真性的迷恋？

思想批判

从直接统治到间接统治的转变与许多变化同时发生。这些变化之一是统治语言的变化，它从文明化的语言，变成了传统的语言。统治的地方中介也发生了变化：从受过教育的阶层，变成了"传统的"族长。过去的直接统治是与西式的学校和教育设施的建设相配套的。殖民统治的一个可见的社会符号，即是像说英语的律师那样的文化阶层的人数迅速增长。随着向间接统治的转变，殖民者对受过教育阶层的态度也迅速变化，从希望变成了怀疑。

英国人给非洲带来了殖民地管理的丰富教训，诸如印度、马来亚和西印度群岛等十九世纪殖民地成了后事之师。非洲主要的英国行政官员，包括卢吉勋爵，很可能都在印度的殖民机构中任过职。卢吉先是担任印度和缅甸的殖民官员，随后又成了到赤道非洲碰运气的象牙猎手与商人。卢吉后来加入大英帝国东非公司（Imperial British East Africa Company）。作为间接统治的先驱，卢吉使英国在北尼日利亚的间接统治实践系统化，并在《双重使命》（The Dual Mandate）一书中对之加以描述。他坚决认为尼日利亚必须避免"印度病"（the Indian disease），即一个天然倾向于民族主义骚动的本土知识阶层（a native intelligentsia）。

从直接统治到间接统治的转变，在现代殖民地高等教育的历史中表现得最为明显。在十八世纪到十九世纪中期，一个胜利进军的、自信的帝国高度注重殖民地的文明化，而大学在文明化的使命中占据首要位置。在十九世纪中期遭到挑战之后，帝国转而采取守势。由于它现在选择把秩序置于现代性之上，高等教育也就不再是优先考虑的事项了。这个转变在最晚被殖民的地方，如位于撒哈拉和林坡坡河（Lim-popo River）之间、在柏林会议后才被殖民的中非各国，表现得尤为明显。

在二十世纪六十年代期间，世界媒体连篇累牍地报道非洲殖民地如何在还没有几个大学毕业生的情况下一个接一个地走向独立的故事——坦噶尼喀、刚果、尼亚萨兰、北罗德西亚；诸如此类，不胜枚举。据说，刚果在独立时只有不超过九个大学生。独立的坦噶尼喀的总理尼雷尔（Julius Nyerere）抱怨说，"英国佬统治了我们四十三年。在他们离开的时候，我们却只有两个受过训练的工程师和十二个医生。这就是他们留给我们的国家。"①中非诸殖民地可以分成两类。大多数殖民地在独立时没有大学，而正因为如此，一所国家大学，与国歌、国旗、国家货币等一起，成了这些殖民地之真正独立的标配。但也有少数殖民地拥有一所通常是为了服务于该地区而设立的大学，如乌干达坎帕拉的马凯雷雷大学（Makerere University in Kampala），或尼日利亚的伊

---

① Ikaweba Bunting, "The Heart of Africa: Interview with Nyerere on Anti-Colonialism", in Haroub Othman, ed., *Sites of Memory, Julius Nyerere and the Liberating Struggle of South Africa*[《记忆的场所：尼雷尔和南非的解放斗争》]（Zanzibar International Film Festival, 2007），p.68.

巴丹大学（University of Ibadan）。在 1961 年独立时，尼日利亚只有一所大学，一千名学生。到 1991 年，尼日利亚已有四十一所大学，十三万一千名学生。尼日利亚不是一个特例。[1] 非洲的大学主要是在后殖民时期发展起来的。

民族主义政府建立起秉持发展主义的大学（the developmental university）。民族主义越是变成建国方案，发展主义大学完成国家所制定计划的压力也就越大。官方开始把批判性思想等同于对民族主义和民族主义精英的批判。事实上，大学的定位很矛盾，因为大学不仅是批判思想的孵化场，也是政治反—精英（political counter-elite）的培养箱。在批判的背后可以并且也确实掩藏着野心。教授们表现得越是像候补部长，以及在某些情况下，像候补总统，他们的批判听起来也就越带有自我服务的意味。在一党制的语境中，大学具有反对党的特征。与政府权力的对抗经常导致罢工和学校被关闭。

民族主义者很少是自愿的民主主义者。从华盛顿（George Washington）到甘地（Indira Gandhi），再到穆加贝（Robert Mugabe）——我们必须把他们这类人中最出类拔萃

---

① Sabo Bako, "Education and Adjustment in Nigeria: Conditionalisty and Resistance", in Mamadou Diouf and Mahmood Mamdani, eds., *Academic Freedom in Africa* [《非洲的学术自由》]（Dakar, Senegal: CODESRIA, 1994），pp.150-175.

的尼雷尔（Nyerere）和恩克鲁玛（Nkrumah）也包括进去——他们都倾向于把反对视为宗派主义和背叛的证据。后殖民时期的非洲大学是一个高度政治化的机构。有时，政治化是以牺牲学术自由和知识追求为代价的。实现现实关切与学术研究之间的平衡，要求一种自主的知识生活，而这种知识生活反过来又取决于这点，即，要有相当数量的学者，并且要创造一种相当浓厚的建制性生活。少数能够做到这点的国家包括尼日利亚和南非。毫不奇怪，在种族和部落的殖民传统之外另辟蹊径的编史最早也是在尼日利亚发展起来的。

作为开始，我想先来看一下乌斯曼（Yusuf Bala Usman）的著作。乌斯曼是尼日利亚扎里亚的艾哈迈杜·贝罗大学（ABU）的历史学家，同时也是后殖民知识分子中的头面人物。我最近一次见到乌斯曼是 2005 年，在扎里亚的 ABU。乌斯曼提议说我们可以在晚上聚一聚，喝几杯啤酒。我大吃一惊。"但贵州目前可是实行伊斯兰教法的啊"，我说。"没关系，大学教员俱乐部是联邦直辖区。那里不适用州法。"他是对的。我们在 ABU 教员俱乐部度过了一个美妙的啤酒和烤肉之夜。①

———————————

① 假设乌斯曼是在一所影响力更大的大学工作，有期刊和图书馆服务的支持，并得到媒体密集的关注的话，那么他肯定会获得全球性影响的地位。可悲的事实是，乌斯曼的著作在他自己的国家以外几乎无人知晓，

在乌斯曼写作的时候，非洲的历史学家们正专注于史料问题。历史学家们唇枪舌剑，争论口述的证据是否可以成为与写下的文本一样可信的历史知识来源。关于口述历史学家如何处于守势，看看他们的一个元老——威斯康星大学的万西纳（Jan Vansina）——的评论就完全清楚了。令乌斯曼深感失望的是，万西纳提醒他的同事们注意，口述史料"需要仔细加以考察，谨防其中渗透的世界观的影响"，这样才能清除其中的"扭曲"和"渲染"，它们"才在特定的界限内获得一定的可信度"。让乌斯曼困惑的是，为什么这样的盘查仅仅适用于口述史。他想知道为什么相同的批判进路"不扩展应用范围，将过去五百年里使用最广泛的非洲史史料也包括在内，也即为什么不同样用来检查欧洲的旅行家、商人、传教士、公司、政府和它们的代理人写下的那些记录"[1]。

在乌斯曼看来，所有材料，不仅口头材料，而且同样还有书面材料，都不能免于偏见。但察觉史料中的偏见只是历

在我度过早期和中期教师生涯的那些东非和中非大学肯定无人知晓。这里我将把注意力集中在乌斯曼的主要历史著作上。

[1] Yusuf Bala Usman, "The Assessment of Primary Sources: Heinrich Barth in Katsina, 1851-1854", in *Beyond Fairy Tales: Selected Historical Writings of Yusufu Bala Usman* [《超越神话：乌斯曼历史著作选》] (Zaria: Abdullahi Smith Centre for Historical Research, 2006), 1: 2-3。

史写作的第一步。更重要的问题是如何发现以及处理一个人自己的偏见。出于两个原因，每个历史学家都必须面对这一两难问题。首先，乌斯曼相信，"确定在特定地点或时间发生了什么，无论关于所发生的事情知道得多么详细，这种确定都不构成对历史的重建"。这是因为"历史重建要求一个解释框架，在这个框架中，一系列事件被感知和理解为一个过程"①。历史是被当作一种叙事写下的，而叙事的模式——如传奇、悲剧、喜剧和闹剧——并非是自明的。必须选择采取某种叙事模式。此外，还存在一个"非常基本的问题"，一个关于"距离、超然和客观性的问题"，"做研究的人和研究主题之间的关系"必然导致这个问题。② 对此，乌斯曼是这样解释的：

> 这是物理学、自然科学和人文科学中的一个基本问题。正是由于这个问题，对历史和社会的研究比对物理和自然现象的研究来得更深刻也更复杂。正在研究历史的、知觉着历史的人是被历史生产和塑造出来的。他使用的那些概念本身是历史地被决

---

① Usman, "The Assessment of Primary Sources: Heinrich Barth in Katsina, 1851-1854", pp.13-14.

② Usman, "History, Tradition and Reaction: The Perception of Nigerian History in the 19th and 20th Centuries", in *Beyond Fairy Tales*, 1:41, 42.

定和被生产出来的。他卷入了对生产了他并且正在塑造着他的那个东西的注视中。历史研究比对诸如岩石和植物的研究更复杂也更根本得多。不幸的是，我们一些在社会与历史研究领域的同行，看到物理学和自然科学的精确与量化，羡慕不已，千方百计地追逐这些其他科学在他们心目中所享有的崇高地位。结果，他们让人觉得，似乎只要开发出更好的技术和更好的电脑，就能把历史研究简化到与原子研究同一水平。但事实上，他们会发现，无论他们引进的技术多么精妙，他们正在自己研究自己的现象学事实也不可能被消除。你不可能像理解一头驴或一块岩石那样理解你自己。绝对不能！[1]

换言之，"在历史之外并不存在'客观性'的基础"[2]。然而，这不是说，我们被封闭在一个无从脱身的困局中。其出路是对渗透在历史—写作中的范畴、概念和假设加以意识。解决问题的方法是努力意识到问题的存在。乌斯曼分两步来解释这点："没有某些特定范畴、概念和假设，就不可能重建历史。我在这里要说的是，你必须有意识地这么做，

---

① Usman, "History, Tradition and Reaction: The Perception of Nigerian History in the 19th and 20th Centuries", in *Beyond Fairy Tales*, 1:41, 42.

② Usman, "The Assessment of Primary Sources", pp.21-22.

否则你就会变成某些类型的原始史料的概念囚徒，同时却意识不到自己是囚徒。"① 第二步是承认，我们只能从我们所处的今天的制高点来看待过去，别无选择："……由于历史研究的目的是为了影响历史进程而理解历史进程，因此，对任何时代来说，唯一正确的概念框架都是那种在实践上为该时代确定方向提供基础的框架……我的意思是，你关于过去的一切看法，都不可避免地有各自不同的含义，告诉你现在应该做这做那。"② 要写出好的历史，一定程度的自我反思是必要的："一旦你意识到你自己的历史性，你就会意识到你使用的概念的历史性，你就不会坐在那里，简单地接受它们，仿佛它们是从天上掉下来的。"③

　　乌斯曼对历史书写的反思是从对十九世纪晚期德国学者—探险家巴特（Heinrich Barth）的批判开始的。乌斯曼意识到，实际上，对二十世纪五六十年代在作品中谈论非洲的所有重要西方学者来说，巴特都是一个不容置疑的史料来源。罗特贝格（Robert Rotberg）就说巴特"呼吸着……他在其中漫游的人民的历史的气息"。柯廷（Philip Curtin）赞美巴特学术研究的当代性："他使用民族志、语言学和文献

---

① Usman, "The Assessment of Primary Sources", p.21.

② Usman, "History, Tradition and Reaction", pp.21-22. 43.

③ Ibid., p.63.

学的证据来解决非洲历史的问题。"柯克—格林（Anthony
Kirk-Greene）称赞巴特"同情非洲人和非洲的杰出品质，他
为今天在非洲生活的欧洲人树立了楷模"。霍奇金（Thomas
Hodgkin）更是语出惊人，宣布巴特是"尼日利亚最伟大的
历史学家，他——就北尼日利亚而言——建立了一个参照框
架，后来的所有历史工作都必须在这一框架内进行"①。

为了表明，为什么认识历史学家——特别是后殖民时期
的那些历史学家——所使用概念的历史性是如此重要，乌斯
曼聚焦于巴特"对身体和基因特征的……极度迷恋"。巴特
一上来就假设，"统治阶级的成员自成一个种族，与'臣民
人口'不同"，并得出结论说，这一差异"从他们的身体特
征、一般举止和行为上应该很容易看出来"。但当"［他］遇
到的许多统治阶级的成员不符合［他］假设的原型的时候"，
巴特的反应却是"用混种来解释他的假设与他看到的事实之
间的矛盾"。乌斯曼认为，这个解释不是源于前殖民地时期
苏丹统治下非洲历史的本质，而是来自于支撑十九世纪欧洲
历史书写的主导传统的种族偏见。这些偏见解释了那些驱动
"关于苏丹社会与历史的书写的假设"，即"社会和历史的基
本单位是种族、民族和部落"。确实，"在巴特的构想中，重

---

① Usman, "The Assessment of Primary Sources", pp.6-7.

大历史变化根源于各种族、各部落之间的冲突与战争、征服
与同化之关系的变化"①。

对种族和部落概念的沉迷是一种更大的沉迷即对传统的
沉迷的一部分。"对尼日利亚历史的主导性的认识是认为",
乌斯曼论述道，"在殖民征服之前，这个国家的人民生活在
所谓'传统社会'之中。这些'传统社会'无一例外地被看
作是由规模大小不一、彼此亲疏程度不一的部落或族群构成
的。"② 在被用于历史书写时，"传统"服务于以下两个目的之
一。首先是证明这样一种偏见，即，非洲社会是停滞的，所
有变化都是自上而下驱动的。历史学家们用动态的国家来对
比不变化的共同体，将后者看作是变化发生的现实场所（real
site）。其次，诉诸不变的传统也是一个预设——即这个动态
的国家只能是外部影响的产物——的一部分。传统同时还被
用作修辞工具：由于每一篇历史写作都必须从某一点开始，
于是这一点的背景就不再有历史的运动，而变成了"传统"。
乌斯曼认为，所谓传统云云不过是对历史的无知的承认。在
其博士论文中，乌斯曼对卡齐纳（Kɛstina）政治史的叙述是
从十四世纪的自治市镇开始的。"由特殊的家族和职业群体构

---

① Usman, "The Assessment of Primary Sources", pp.14-15.

② Usman, "History, Tradition and Reaction", pp.42-43.

成"的自治市镇当局"与特定的宗教崇拜相关联"。这个制度"在大约十五世纪中期变成了"萨豪泰制度（Sarauta System，1450—1804），这个制度由"以卡齐纳萨亲（the Sarkin Katsina，卡齐纳的王或主）职位为中心的各种萨豪图（Sarautu，公职）"构成。在萨豪泰制度下，公职的担任者"主要……是奴隶和自由人"，政府在很大程度上是通过"一个由奴隶、阉人和生来自由的平民组成的官僚阶层"来运行的。萨豪泰制度后来被在1796年至1804年间发展起来的一场运动所推翻，而这场运动"在很大程度上是以丹福迪奥（Shehu Usman Danfodio）为领袖的知识分子即马拉麦（mallamai）领导的"。这场被称作贾马（Jama'a）的运动后来被它的对手予以族群化，称之为"富拉尼人"（the Fulani）。最后，随着贵族元素的增长，卡齐纳埃米尔（the Emir of Kastina），索科托哈利发（the caliph at Sokoto）的一个上尉，建立起了埃米尔（酋长）制度（约1816—1903）。因此，在把十四世纪后的卡齐纳历史分为五个界限分明的阶段之后，乌斯曼指出了传统驱动型叙事（tradition-driven narrative）存在的问题："如果你想说出，比如说，卡齐纳的传统政治制度是什么的话，你就不得不去分辨，该从这五个制度中选择哪一个了。"①

---

① Usman, "History, Tradition and Reaction", pp.44-49.

所有关于传统的谈论都只会把制度僵化为"固定不变"的东西，而实际上，它们永远处在历史的流动中。不只如此，这些制度还被"被种族化和部落化了"，因为"人们不止谈论卡齐纳地区、贝宁或奥约地区［的传统］政治制度，或提夫的形形色色的塔尔（Tars of the Tiv）的政治制度，他们还谈论豪萨人的或约鲁巴人的或伊多人的政治制度……奥巴首领制度（the institution of the Oba），萨尔基（Sarki）酋长制度，被弄成了约鲁巴人和豪萨人特有的制度。而一旦你陷入这种把被历史地界定的政治制度、事物弄成专属于特定民族的东西的态度，你就会以谈论特定民族的特定天赋而告终，你就会最终走向种族主义……毫无疑问，说共同语言的人民所使用的概念彼此相似，他们的一些观念有相似之处；但当你谈论政治的、经济的和社会的组织的时候，我们必须立足于更加坚实的基础之上"①。

但侈谈传统的问题还不只是会使过去僵化、错误地标识过去。侈谈传统不仅是使某个特定的过去神圣化的方式，它还会被用来正当化某个特定的当下：'人们所说的传统社会不是任何过去存在的东西。它本质上是在殖民地和新殖民地

---

① Usman, "History, Tradition and Reaction", pp.56-57.

的当下存在的东西。"①乌斯曼进而论证说，传统的当代意义是政治性的：它是制衡市场经济之整合效应的总体努力的一部分："他们的人口定居政策明显表明了这一点，即英国人致力于阻断已经在发生、由于殖民经济的引入而变成现实的整合进程。"市场形成和整合进程是另一位 ABU 历史学家土库尔（Mahmud Tukur）的博士论文的主题。土库尔指出，这两个进程都早在殖民统治开始之前就发生了："在扎里亚老城中，早就有说努布语和约鲁巴语的一些民族共同体，这些人在那里已经生活了数个世纪，他们中的一些变成了努布和约鲁巴裔的扎扎噶瓦人，和其他扎扎噶瓦人一样的扎扎噶瓦人。"随着殖民时期的铁路建设，越来越多的人"从尼日利亚的各个地方"向扎里亚移民。萨邦加里区（Sabon Gari）就是这么发展起来的，尽管"我们还不清楚它在当时叫什么名字"。英国人试图用行政手段来阻止这一进程：他们先是下令"不是该区域原生居民的人不得在扎里亚城本城内生活"。接着他们又在二十世纪二十年代推出另一个规定："穆斯林不得在萨邦加里区生活"而必须搬到图顿瓦达区（Tudun Wada）。②

---

① Usman, "History, Tradition and Reaction", p.44.

② Ibid., p.61.

乌斯曼力图使关于政治性身份认同的讨论历史化。在对
M.G. 史密斯的批判中，乌斯曼指出："在关于中苏丹的社会
与历史的写作中使用的主导范畴是'豪萨'、'富拉尼'、'哈
比'、'卡努里'、图阿雷格和其他此类范畴。"仅仅通过族群
和种族的范畴来看待历史进程的单向度观点模糊了历史进程
的极端多样性。只要这些社会仍然被看作"处于互相支配和
从属关系中的各个族群的混合"，"要把握中苏丹诸政治共同
体之起源和运动的历史进程就是不可能的"。历史学家被简
化为数据收集者，这些数据既是被所谓"非洲的历史与社会
的基本运动是族群斗争与冲突的假设"所预先决定的，反过
来又强化了这个假设。① 如果你把当前时期存在的身份认同
当作某种给定，然后把它们普遍化，当作一切历史时代的常
项，那么，你又怎么可能理解身份认同在时间中形成的过
程，并把它和更大范围的文化变迁、经济发展以及政治转型
的过程联系起来呢？

如果可以证明，人民生活在多族群共同体中，那么，坚
持亲属关系是理解他们的生活——社会的、政治的和文化
的——唯一钥匙这种偏见理由何在？"如果历史涉及人民的

---

① Usman, "The Problem of Ethnic Categories in the Study of the Histori-
cal Development of the Central Sudan: A Critique of M. G. Smith and Others",
in *Beyond Fairy Tales*, 1: 23-24.

经济、政治和社会活动，那么生活在一起、参与同样活动的人们怎么可能不共享一种共同历史或共同历史联系（histori-cal association）？"乌斯曼在他对史密斯著作的评论中问道。"然而，如果史密斯所谓'历史'或'历史联系'指的是历史活动或过程被经验和被构想的方式的话，那么，他就不得不说明，为什么定居的富拉尼人，会和游牧的富拉尼人有共同的经验；以及为什么信仰穆圣宗教的哈比人和异教的哈比人会有共同的经验，而无论他们的职业、信仰和居住地区是多么不同。"①

乌斯曼的著作提供了理解前殖民时期非洲各政治共同体的历史运动的另一种方式。为了说明自己的观点，从说豪萨语的哈比人和说富拉语的富拉尼人开始，乌斯曼对族群与种族等关键范畴进行解构。"当我们转而关注家系上的起源，我们发现，说豪萨语的哈比人民族，并没有始于一个共同祖先的传统。"②他们确实拥有的传统，至少从十七世纪开始，就是一个说一种共同语言的传统："……我们尚不清楚，何时'豪萨'这个名字开始被用来指现在被当作豪萨语的那

---

① Usman, "The Problem of Ethnic Categories in the Study of the Historical Development of the Central Sudan: A Critique of M. G. Smith and Others", in *Beyond Fairy Tales*, p.31.

② Ibid., p.28.

门语言，或者，它最初指的是这种语言的哪种方言。如果我们以西部豪萨方言的当前用法为依据判断，这个名字很可能最先指的就是这些西部的方言，或者也可能它最早指的是其他现在已经消失的方言。然而，非常可能的是，到十七世纪的时候，豪萨正统诸国（Hausa Bakwai）的概念已经形成，而卡纳瓦（Kanawa）则被看作是属于这个更大的实体。"① 然而，这并不能为它们的政治史提供足够的线索。为了获得有关线索，我们还需要超越语言，转向地区性（locality）。对"其中有穆斯林也有非穆斯林的某些扎若'哈比人'（Habe of Zazzau）"来说，共同的起源显然是"领土的或政治的而不是家系的"。② 甚至对富拉尼人来说，家系起源作为"决定社会团结的明显因素"的功能也仅限于血亲（lineages）和氏族（clans）层面。事实上，乌斯曼指出，被称作富拉尼人之人民的政治史在殖民时期之前很久就已经是学者们关注的重要问题了："显然，在萨克瓦托学者那里，像家系起源、领土起源和语言等因素在讲富拉尼语各族的形成过程中的合力已被认为是需要探讨的问题。我们的考察也必须从这些问

---

① Usman, "Nations, Nation-States and the Future of Mankind: Some Observations on the Historical Experience of the Formation of the Kanawa in the 2nd Millennium A.D.", in *Beyond Fairy Tales*, 1: 153.

② Usman, "The Problem of Ethnic Categories", p.29.

题开始。"①

无论是哈比人还是富拉尼人，我们都不能想当然地认为，他们是以语言为基础的致密群体，在群体中不存在任何重大内部差异。既有穆斯林哈比人和非穆斯林哈比人之间的重大差异，也有塑造了定居富拉尼人和游牧富拉尼人的不同历史的重大差异。另一方面，这些差异并不是源于家系，而是源于地区性。"卡萨豪萨地区大量说富拉语的氏族不是从任何共同的家系起源获得他们的身份认同，而是从他们作为独特实体在其中出现、或他们被人们与之紧密联系起来的地区或城镇获得了他们的身份认同。"②

乌斯曼宣称，富拉尼人的身份认同是随时间而发生变化的，从十八世纪的语言身份认同，到十九世纪的标志一个政治阶层或一个职业群体的身份认同。哈比人的含义，也必须到变化的历史发展中去寻找：是否有可能，在历史过程中，"哈比人"主要变成了一个冗余概念，所有位于根据语言、文化或职业界定的"富拉尼人"概念之外的人都被放到这个箩筐中？③ 如果确实如此，那么富拉尼人和哈比人作为两个互相关联身份认同的历史演化就会与中非图西人和胡图人的

①　Usman, "The Problem of Ethnic Categories", p.37.

②　Ibid., p.31.

③　Ibid., p.37.

历史演化相似：一种身份认同标志特权的结晶，另一种身份认同则标志特权的阙如。对学术研究的挑战在于：在对国家形成过程的历史理解中定位政治身份认同的发展。"我们应该开始直面我们的重要任务之一：那就是创造一个可用来理解非洲历史现实和当代现实之特性的概念框架。只有通过这样的理解，这个大陆的人民才能铸造出符合他们在当下时代的需要和处境的政治共同体。"①

有两位开拓性的学者已经着手这个工作：他们是伊巴丹大学的戴克（Kenneth Onwuka Dike）和扎里亚艾哈迈杜·贝罗大学历史系的创始人史密斯（Abdullahi Smith）。戴克在 1956 年出版了他的 1950 年博士论文《尼日尔河三角洲的贸易与政治，1830—1885：尼日利亚经济与政治史导论》（*Trade and Politics in the Niger Delta,1830-1885: An Introduction to the Economic and Political History of Nigeria*）。戴克聚焦于涌向尼日尔河三角洲的移民，将其解释为一方面是土地占有欲，另一方面是奴隶制度和奴隶贸易的结果。他让我们看到，超越旧有族群实体的共同体如何因此而形成，以及为什么这些政治组织不应该被认为是部落。"此外，城市—国家（city-state）是一个比'部落国家'（tribal state）更贴切的名

---

① Usman, "The Problem of Ethnic Categories", p.38.

称，因为移民时期瓦解了部落实体，而奴隶贸易又进一步强化了民族的混合。因此，在十九世纪，三角洲各国家不是根据连续性（contiguity）而分组的，以及在我们讨论的那个时期，公民权也越来越多地取决于住地，而非世系。"[1] 如果伊博族（Igbo）不是一种亲属关系的名称，而只是一个"许多作为其组成成分的群体只是最近才、且经常是有所保留地接受为其族群身份认同"[2] 的范畴，如果像戴克指出的那样，谈论"伊博宗教或政治制度等单一实体"存在某种问题的话，[3] 以及如果像乌斯曼反思戴克命题时指出的那样，这些形形色色的群体是在过去八十年里才在族群的意义上变成伊博人的话，那么，所有这些观察和评论就导向同一个结论了：即把伊博族当作一个民族志意义上的实体来使用，是有问题的。

殖民主义对"文化遗产的恢复和复兴"的优先关注有使文化物化和剥夺其历史动力的趋势。它"实际上使它表面上

---

[1]　参见 Kenneth O. Dike, *Trade and Politics in the Niger Delta, 1830-1885: An Introduction to the Economic and Political History of Nigeria* [《尼日尔河三角洲的贸易与政治，1830—1885：尼日利亚经济与政治史导论》]（Oxford: Clarendon Press），pp.30-31。

[2]　Ibid., p.130.

[3]　Ibid., p.7，参见 Usman, p.133。

努力要消除的依赖精神永续下去"。乌斯曼称，这样一种思路是以下列"三个基本缺点"为标志的："它的非历史性；它对文化的超越定义，这种定义使文化边陲化、边缘化；以及它对文化的种族化和部落化……对它加以细致考察，我们就会意识到，这种思路包含一种对历史和历史运动的否定，因为在这里文化被看作是一个民族之存在的给定维度，而非带有每一个时代之特殊性的历史存在和历史发展的产物。"[①]

对各非洲政治共同体冠以部落性之名的传统，与殖民主义学者中的一种广泛共识携手：非洲缺乏形成超越亲属群体的政治团体的能力，而过去所有稳定政治共同体之存在的证据，都只能被认为属于在种族上独特的、被称作闪米特人的外部人群体的建国行动（state-making）。所有地方历史编纂都可以归类在这种解释之下，从西非柏柏尔人移民的编史，到苏丹阿拉伯化的编史，再到中非图西人移民的编史，概莫能外。甚至直到 1963 年，被视为非洲史之祭酒的奥利弗（Roland Oliver）和法格（John D. Fage），在其题为《非洲简史》的著作中，还如此总结后来被称作"闪米特假说"的基本观点。乌斯曼详尽地引用了他们的话：

---

① Usman, "Some Notes on the Three Basic Weaknesses in the Study of African Cultural History", in *Beyond Fairy Tales,* pp.66-67.

　　横跨从红海到塞内加尔河口的整个撒哈拉以南非洲地区，纵贯从尼罗河源头至南罗德西亚的班图非洲的全部中部高地山脊地区，我们发现了我们所谓的苏丹文明（the Sudanic civilization）的轴心，其中非洲各族人民所形成各个国家的制度是如此类似，以至于我们只能认为，它们必然来自一个共同的来源。因此，在一种非常真实的意义上，"苏丹"（sudanic）国家是一个在各农耕村社之上建立的上层建筑，而不是一个从它们之中自然地生长出来的社会。在许多情况下，我们知道，这样的国家起源于征服；在几乎其他所有情况下，则必须推测征服是存在的。国家的最早的传播者似乎是从尼罗河谷向南移动的。[①]

　　史密斯（Abdullahi Smith）曾经写道，殖民主义历史写作如何"不加批判地接受一个简单假设：这一历史不过是讲述了一群闪米特（柏柏尔）入侵者如何把一个类似于国家的结构强加于中苏丹政治上四分五裂的众多尼格罗民族的故

---

　　① Roland Oliver and John D. Fage, *A Short History of Africa* (New York, 1963), pp.44, 45, 46, 51; 引自 Usman, "Abdullahi Smith and State Formation in Central Sudan: The Limitations of Kinship and the Evasions of Fage and Oliver", in *Beyond Fairy Tales*, 1:81.

事"①。史密斯接着继续嘲笑这一习惯："被当作重头戏的是来自远方的外来英雄的故事，这位英雄带着他的魔剑，或带着天神或其他来源的超自然神力的委任（就像在更为晚近的时期英国人所作的那样），把他自己和他的后裔强加于一个先前没有组织起来的人民，在他们中创造新的忠诚，并把他们集合为国家形式的新共同体。"②乌斯曼总结这一学术研究新进路造成的影响如下："有理由认为，在尼日利亚大部分地区曾经存在的不是本质上从亲属关系的角度来界定的群体，而是其基本身份认同与其存在方式密切相关的群体。这点对我们来说越来越变得明显：地域与职业起到核心作用。而任何观察过尼日利亚历史的人都知道，亲属关系在意识形态层面上扮演了一种重要角色。"③

　　后殖民尼日利亚编史给我们提供了一种理论的概要，这种理论不同于以建立在梅因著作基础上的人类学学派为代表的亲属关系理论。正如我试图展示的那样，它是通过三个开

---

① Usman, "Abdullahi Smith and State Formation in Central Sudan", p.86.

② Abdullahi Smith, "Some Considerations Relating to the Formation of States in Hausaland" in *A Little New Light: Selected Historical Writings of Abdullahi Smith* (Zaria: The Abudullahi Smith Centre for Historical Research, 1987), 1: 59-79; 参见 Usman, "Abdullahi Smith and State Formation in the Central Sudan", p.84。

③ Usman, "History, Tradition and Reaction", p.58.

创性思想家的努力实现这点的：戴克、史密斯，特别是乌斯曼。① 在我看来，他们开创的进路，是围绕三个陈述奠基的。

首先，作为组织基础的亲属关系从来不是严格地基于血缘的，甚至在古代也不是。正如梅因本人指出的那样，甚至在罗马，家父权（patria potestas）也绝不仅仅是一个血缘范畴；它也包括奴隶和那些被家庭收养的人。但在涉及殖民地的时候，梅因却坚持现象的纯粹性；他因此坚持认为，取自孤立但不受污染的印度内陆的证据具有特殊地位，优于取自国际化因而受到污染的沿海地区的证据。巴特关于卡齐纳的讨论也是这样：正如乌斯曼评论的那样，巴特预期统治者属于一个不同于臣民的种族，而当他发现他们不是这样的时候，他就归咎于混种。这些知识人在西方与非西方之间建立起一种二元对立，而这个对立更多的是基于概念而非经验观察，甚至达到了这样的程度，同样的观察结果却遭到了截然相反的阐释：发展在西方被看作城市化、世界主义的胜利，而在非西方被看作不纯粹和混种的结果。正如尼日利亚的历史写作所表明的那样，出路在于把亲属关系看作多孔的和历

---

① 他的论文后来出版了，见 Yusuf Bala Usman, *The Transformation of Katsina, 1400-1883, The Emergence and Overthrow of the Sarauta System and the Establishment of the Emirate* [《卡奇纳的转变，1400—1883，首领制度的形成和颠覆，酋长国的建立》]（ABU Press, 1981）。

史的，而不是封闭的和不变的。

其次，这些学术研究指出，甚至在其作为一种政治组织形式存在的地方，亲属关系也绝非普遍性关系，无论是在西方还是非西方都是如此。我们提到的这三位尼日利亚学者都致力于描述西非政治共同体形成过程中的多重路径：如果说在某些情况下，政治身份认同是基于亲属关系的话，那么，在其他情况下，它们则是基于地域的。"在拉各斯州"，乌斯曼写道，"你会发现，有些尼日利亚人在身份认同上属于拉各斯人并且说约鲁巴语，但他们有可能并没有约鲁巴的血统。同样，你也会在卡诺州发现身为'卡诺瓦（卡诺人）'并且说豪萨语的尼日利亚公民，但他们实际上可能是伊博族、约鲁巴族或出身其他族裔的人。"① 在其 2000 年出版的著作《对尼日利亚的错误描述》(*The Misrepresentation of Nigeria*) 中，乌斯曼批判某些根本性二元分立，反对将北方与南方之间、各族裔民族之间、基督徒与穆斯林之间的竞争与对抗描绘成不可避免的："在尼日利亚出现之前，并不存在像今天这样被叫做'豪萨人'的族裔民族。相反，过去我们有的是卡纳瓦，卡诺的人；卡齐纳瓦，卡齐纳

---

① Appreciation（此为乌斯曼的学生撰写的一个未出版的小册子），p.21，引自 Usman, "History and Challenges to the Peoples and Polities of Africa in the 21st Century"（Dike Memorial Lecture, Nov. 22, 1999）。

的人；扎格—扎基，扎若的人；萨卡塔瓦，索克托的人，等等。实际上，同样的情况也适用于约鲁巴人，他们要么被标识为埃格巴人，要么被识别为奥约人、埃基蒂人、伊杰布人，等等。"所有现存记录都表明，"约鲁巴"这个词（一开始是"亚利巴"），是豪萨语指奥约的阿拉非纳特人的名字，最早使用这个词的人是十七世纪的卡齐纳学者马萨尼（Dan Masani）。[1] 确实，乌斯曼坚持认为，当代的族裔民族（ethnic nationalities）实际上是在尼日利亚殖民国家形成过程中被创造出来的。

这一学派的第三个和极具重要性的陈述是，不要把多样性解读为偏离的证据（后者因此而被解释为纯洁之海中的某种不纯之物），而要把它解读为一条不同的历史路径的证据，并因此而承认多重路径和多元历史的存在。

民族主义与治国术

间接统治是包罗万象、野心勃勃的统治模式。我已经论述过，其理论扎根于一种种族化、部落化的编史，而其治理则

---

[1] Appreciation, p.24, 引自 Usman, *The Misrepresentation of Nigeria*, 2000。

是基于一种把非洲殖民地分为部落乡土，并把每个部落乡土的人口分为原住民和非原住民的行政实践。习俗性政体（customary regime）系统地差别对待非原住民而优待原住民部落。这就是为什么，仅仅设计不同的编史，尚不足以克服殖民统治的政治遗产；要克服它，我们还需要不同的政治实践，这种实践将创造适合建设一个包容性政治共同体的公民权形式。

关于后殖民地公民权的辩论主要发生在反对运动之中，这些运动面临着通过内部组织或外部联盟来取得政治支持的迫切需求。1972 年在布隆迪发生对近二十万名胡图族学生的屠杀之后，刚果说卢旺达语的少数族裔就不再根据一种关于出身的文化话语而自我认同为班亚旺达人（Banyarwanda，来自卢旺达的人），他们开始从领土的角度，着眼当前地在政治上自我认同为班亚穆楞吉人（Banyamulenge，那些在穆楞吉生活的人）。在乌干达，在从 1981 年到 1986 年国民抵抗军领导的游击战争期间及其后，为了回答诸如"谁可以投票？""谁可以竞选公职？"之类的问题，在农村人口的身份认同中也发生了类似的转变，从基于政治异见和出身的身份认同转向基于住地的身份认同。[1] 在尼日利亚，当那些积极

①　参见我的 *Citizen and Subject: Contemporary Africa and the Legacy of Late Colonialism*[《公民与臣民：当代非洲与晚期殖民主义的遗产》]（Princeton: Princeton University Press, 1996）。

反对军方的人要求召开主权国民会议（SNC）以讨论宪法问题的时候，辩论集中在尼日利亚社会的哪些构成要素——哪些社会单元——应当在 SNC 会议得到代表上。①

　　一个国家，即尼雷尔导师（Mwalimu Julius Nyerere）领导下的坦桑尼亚大陆，成功地实施了一种不同形式的治国术（statecraft）。我认为这是通过持续而平和的改革来拆解间接统治体制的最成功的尝试。在这样一个时代，把暴力视为"粉碎殖民国家"的方式是一种风尚，而尼雷尔却做出了不同的教导：首先，殖民国家及其遗产的支柱，不是军队和警察而是它的司法与行政机器，而要粉碎这些东西，需要的是政治的远见和政治的组织，而不是暴力。根据多个来源——前殖民时期的生活，殖民时代的现代国家形式，和反殖民主义的抵抗——创造一部实质性的法律，并建立一个单一而统

---

① 乌斯曼的学生们是这样描述他对这场辩论的参与的："这次演说是对那些吵着要召开一个所谓主权国民大会的人的毁灭性打击，反对自我任命的部落捍卫者把尼日利亚重构为一个由不同民族和族群组成的联邦。他指出这样的会议的倡导者，如 Wole Soyinka 教授，不仅对造就且将继续塑造尼日利亚政体及构成它的族群的历史过程一无所知，而且他们也没有意识到这样一个简单的事实，即这些族群实际上是没有可以勘定的边界的，因为他们在文化、语言、领土和认同的层面上密不可分。"参见 *Appreciation*, p.22, Usman, "History and Challenges to the Peoples and Polities of Africa in the 21st Century"（Dike Memorial Lecture, Nov. 22, 1999）。

一的执法机构，意味着坦桑尼亚大陆的每个公民，都是在由一个单一的法院系统来执行的同一套法规的基础上被治理的。这里，我要强调的是尼雷尔的开创性的成就：他创造了一种包容性的公民权，并建造了一个民族—国家。

对坦桑尼亚第一任总统尼雷尔的评价，一般总是集中在他对乌贾马（ujamaa）——一种基于共同体团结的正义社会秩序——的探求上。支持者盛赞乌贾马为社会主义思想对地方实际的创造性适应，而批评者们却轻蔑地斥之为一个浪漫主义的、不科学的事业。尼雷尔本人曾经打趣说："如果马克思生在坦桑尼亚的话，那他写的就会是《阿鲁沙宣言》（Arusha Declaration）。"在我看来，尼雷尔对于社会正义的关切，需要在尼雷尔的首要关切，即建设民族—国家的语境中来加以理解。尼雷尔首先是一名政治家，与其说像他的知识分子支持者和批评者们经常把他塑造成的那样，把他看作是一种新社会秩序的先知，还不如就像普通人民所理解的那样，把他看作是民族—国家之父（baba wa taifa）。在于 1985 年 7 月 29 日在坦桑尼亚议会发表的告别演说中，尼雷尔——他被他的人民亲切地称作 Mwalimu（导师）——回忆了他对坦桑尼亚独立所怀有的抱负："我在我 1962 年 12 月的就职演说中给自己设立的那个最重要的任务，就是在人类的平等与尊严的基础上，建立一个统一的民族国家

（a united nation）。"①

　　这位导师所理解的"平等与尊严"首先是在法律面前的平等，或者，换个说法，即无论差别与特权——那些基于种族和部落并被殖民地法律所制度化和推行的差别与特权——的平等。尼雷尔的政治生涯可分为几个阶段。我将聚焦于其中两个阶段。在开始阶段，对他来说，关键的问题是种族的政治身份。面对民众对基于种族的平权行动（race-based af-firmative action）的广泛要求，尼雷尔坚持在民法中废除所有基于种族的区分。这一坚持使尼雷尔面临他一生中最严重的政治危机，而在有组织的工人运动大力支持下的 1964 年军队哗变触发了这一危机。尼雷尔政治生涯第二阶段所面对的核心问题是部落的政治身份。为废除习俗法中基于族群的区分，尼雷尔开展了一项废除原住民权力机构的政治工程。这一工程的目标是建设中央集权的国家结构，废除作为殖民时代遗产的分野：一方面是习俗法与民法的分野，另一方面是市民权力当局与原住民权力机构之间的分野。这个建国计划，正如我们即将看到的那样，是以民主和社会正义（乌贾

---

　　① "Passing on the Tongs", excerpts from a speech by Mwalimu Julius K. Nyerer to Parliament in Dar es Salaam on July 29, 1985, Tanzania Standard（Newspapers）Ltd., *Nyerere: 1961-1985… Passing on the Tongs*, Dar es Sa-laam: Tanzania Standard（Newspapers）Ltd.（1986）, p.52.

马）为代价的，而二者是尼雷尔在公开演说中所高度强调的。尼雷尔首先是一个激进的民族主义者，他决心反抗殖民时代的遗产，反抗一种在政治上和法律上得到贯彻的种族和部落特权，而建设一个中央集权的领土国家。

种族的政治身份在走向独立的那个时期变成一个关键问题。这个问题把主要的民族主义政党——坦噶尼喀非洲国民联合阵线党（TANU），与来自右翼和左翼的挑战势力区分开来。比它右的是统一坦噶尼喀党（UTP），这个党接受一种殖民主义的、但被包装为多元种族主义（multiracialism）的种族化政治秩序构想；在这种政治秩序中，政治权利首先且主要来自一个人被官方界定的种族身份认同。在坦噶尼喀非洲国民联合阵线党左边的是民粹主义的非洲国民大会党（ANC），这个党倡导一种原住民主义的政治方案，按照这一方案，独立国家的公民权将限于占多数的原住民人口，即非洲人。从对非洲人的种族化的殖民主义定义出发，可以得出对这个问题的回答：谁是坦噶尼喀人？

三个关键事件界定了这些政治派别之间的斗争。第一个关键事件是，非洲国民联合阵线党决定参加 1958 年基于种族的选举。第二个关键事件是，1961 年议会关于是根据种族还是根据住地来界定公民权的辩论。第三个关键事件是，1961—1964 年为有利于原住民多数人的平权运动而进行的斗争，即那个被称作非洲化的计划。这些事件累加的结果，便是 1964 年的军队哗变。

这点是值得记住的：领导坦噶尼喀独立斗争的政党，即非洲国民联合阵线党，直到独立都不允许该国的亚裔和欧裔居民加入。尽管非洲国民联合阵线党的成员资格政策在 1956 年有所改变，允许非洲—其他种族混血的人加入，但对亚欧裔的人来说，那扇大门依然是紧闭的。亚裔个人也许在独立斗争中发挥了重要作用，[①] 但他们却被禁止加入非洲国民联合阵线党。而殖民国家则坚持一种许诺平等对待不同种族，而非平等对待不同个体的政策。这项政策被称为"多元种族主义"并且作为种族对等（parity between races）的保障而为人接受。[②] 在谴责统一坦噶尼喀党时，尼雷尔论证说，种族对等将"巩固和延续种族主义"而不是创造一种"承认个体的基本权利——无论他或她的肤色或信仰如何——的

---

① 如埃米尔·贾马尔，索菲亚·穆斯塔法和马哈茂德·拉坦塞。

② H.G.Mwakyembe, "The Parliament and the Electoral Process", in Issa G. Shivji, ed., *The State and the Working People in Tanzania* [《坦桑尼亚的国家和劳动人民》]（CODESRIA, 1986）, pp.21-22;（Pratt, 1960）; Arnold J. Temu, "The Rise and Triumph of Nationalism", in *A History of Tanzania*[《坦桑尼亚史》], ed. Isaria N. Kimambo and Arnold J. Temu（Nairobi: East African Publishing House, 1969）, p.211.

民主的伙伴关系"①。从这个观点来看，参加 1958—1959 年多元种族选举是一个策略上的妥协，而我们可以推测，之所以做出这样的妥协，是因为这样尼雷尔才有机会来支持志同道合的亚欧裔政治家，同时反对来自左翼的非洲国民大会党的日益增长的挑战。非洲国民大会党的领导人要求公民权应限于原生人口（indigenous population），以及作为此限制之结果，要求一个种族地界定的国家，这个国家有一个全由非洲人组成的政府和一个全由非洲人组成的行政队伍，和一个通过把历史地享有特权的非原住民（欧亚）少数族裔的财富和收入重新分配给历史地受压迫和处于不利地位的原住民（非洲）多数族裔来重新构造的社会。它在 1960 年 8 月12 日发布的新闻稿中要求"非洲人的非洲"，宣布"我们的人民在四十多年里一直遭受着帝国主义殖民者的剥削，甚至在今天他们在经济上也还为亚洲人所奴役。"②在种族问题上公开持一种更加温和的立场的非洲国民联合阵线党撤回

①　James Clagett Taylor, *The Political Development of Tanganyka*［《坦桑尼亚的政治发展》］（Stanford University Press, 1963），pp.138, 159.

②　National Archives: Accession 540, 17C, cited in Ronald Aminzade, "The Politics of Race and Nation: Citizenship and Africanization inTanganyika" （2001）; *Political Power and Social Theory*［《政治权力和政治理论》］, Vol. 14 （Greenwich, CT: JAI Presss）.

了它对 Mwafrika（《马拉维非洲》报）——一份支持独立斗争、与非洲国民大会党有联系的主要的斯瓦希里语报纸——的支持，并于 1959 年创办了一份新报纸 Ngurumo（《雷声报》）。[①] 在殖民国家眼中，这一举措的后果是非洲国民联合阵线党被确立为极端主义的非洲国民大会党的一个温和的替代性选项。在以坦噶尼喀第一位民选首席部长的身份在广播上发布就职演说的时候，尼雷尔向亚裔和欧裔非洲居民这样保证："激进的民族主义已经被注入了微笑和风趣……坦噶尼喀人民在成为热烈的民族主义者的同时并没有成为种族主义者。"[②] 他的内阁也包括一名欧裔和一名亚裔，虽然二者都未被允许加入非洲国民联合阵线党。

关于如何界定公民权的国民议会辩论发生在 1961 年 10 月，此时距独立只有两个月。摆在议会面前的问题是清楚的：公民权是应该基于种族还是应该基于住地？非洲国民大会党主张前者；尼雷尔及其支持者则主张后者。在辩论期间，非洲国民大会党要求给"原生居民"以高于"在坦噶尼喀定居下来的其他种族"的优先权。某些个别成员如塔姆博

---

① Hugh W. Stephens, *The Political Transformation of Tanganyika: 1920-1967*[《坦噶尼喀的政治变革》]（New York: Praeger, 1968），p.110.

② Judith Listowel, *The Making of Tanganyika* [《坦噶尼喀的形成》]（*Chatto and Windus, 1965*），p.378.

（Christopher Tumbo）要求，各移民种族应该去有权利接受或拒绝其申请的族长委员会（Council of Chiefs）那里注册和申请加入国籍。其他人则质疑，亚裔公民会不会愿意"为坦噶尼喀人而在印度对印度人开枪"，而在"老百姓"看来，亚裔的忠诚是分裂的，他们"一只脚在坦噶尼喀，一只脚在孟买。"据说，尼雷尔一反常态地大为光火，严词谴责他的对手："如果我们把公民权建立在肤色基础上的话，那么我们就是在犯罪。因肤色而对人实行差别对待正是我们一直反对和与之斗争的东西……他们现在像宣扬某种宗教一样对我们宣扬种族差别对待。他们的立场就像希特勒一样，并开始赞美种族。我们赞美的是人类，而不是肤色。"他继而威胁说，如果他提出的法律遭拒的话，他就辞职。①

　　1959 年，坦噶尼喀最高层行政官员有 299 人；在这些人中，只有七个人是坦噶尼喀黑人。议会中的非洲化辩论就是在此背景下展开的。辩论条目是在 1962 年确定下来的，当时一名欧裔议会成员布莱斯森（Bryceson）在议会发表演说，主张非洲化意味着不分种族地雇佣当地人民。非洲国民大会党反对党和坦噶尼喀劳工联盟（TFL）都谴责布莱斯森并与

---

① 　Tanganyika National Assembly Debates（1961），333-334，364，cited in "the Politics of Race and Nation: Citizenship and Africanization in Tanganyika"，*Political Power and Social Theory*.

非洲国民联合阵线党的一些成员合流，这些成员坚称"非洲化就意味着非洲化，它绝非指地方化。"非洲国民大会党的新闻稿毫不含糊地说："除非给非洲人特别的特权和保护，使他们能够赶上非—非洲人的进步，非洲人就不可能进步。不能平等地对待发达的和落后的人民，因为这么做就意味着它们之间已经存在的不平等会延续下去。不能平等地对待不平等。"尼雷尔试图支持一个中间立场，称坦噶尼喀黑人应该根据这一考虑——即行政机构的种族构成应该反映国家人口的种族构成——而在新的任命和晋升中得到优先考虑。①当非洲国民大会党将尼雷尔对迅速非洲化的反对态度与他和英美官员的关系联系起来，而把尼雷尔描述为"帝国主义的大走狗、新殖民主义的工具和多种族非洲国民联合阵线党的终身代理领导人"，争论达到高潮。尼雷尔于 1960 年到美国访问了整整一个月，随后又在 1963 年受国务院邀请访美，而非洲国民大会党的领导人穆特穆武（Zuberi Mtemvu）于

------

① African National Congress Press Release of 1962, National Archives, Accession 561, 17, Cited in "The Politics of Race and Nation: Citizenship and Africanization inTanganyika"（2001）; *Political Power and Social Theory*（Taylor, 1963）, p.194; Irving Kaplan, *Tanzania: A Country Study*[《坦桑尼亚：一个国家研究》]（Washington, D.C.: American University, 1978）, p.72; Pratt, Cranford, *The Critical Phase in Tanzania 1945-1968* [《坦桑尼亚的关键时期：1945-1968》]（Cambridge: Cambridge University Press, 1976）, pp.92, 106.

1961 年初访问了中国和其他社会主义国家。非洲国民大会党的观点与工会领导人和非洲国民联合阵线党的许多中层领导人亲和。在省级党的官员也加入工会主义者的行列要求迅速非洲化的时候，尼雷尔面临非洲国民联合阵线党各级成员的加速分裂。面对党内分裂的前景，他选择在任职仅四十四天后便辞去了首席部长职务，回到党内去清除异见，并把政府的缰绳交给了卡瓦瓦（Rashidi Kawawa），这位坦噶尼喀劳工联盟的前主席。卡瓦瓦加快了非洲化的速度，他组成一个委员会来确保整个行政机构的非洲化。到 1962 年 6 月，百分之四十的侨民公务员离开了这个国家。①

在非洲化上的让步，与对异见的压制是同时进行的：1962 年颁布的新法律限制罢工的权利，禁止公务员加入工会，给坦噶尼喀劳工联盟以凌驾于其成员工会之上的更大权力，并使预防性拘留（preventive detention）合法化。② 巴热古（Mwesiga Baregu）写道："在 1962 年，对反对派的清除在坦桑尼亚如火如荼"，政府"突然对竞争性政党、独立的

---

① 　Judith Listowel, *The Making of Tanganyika*（Chatto and Windus, 1965），p.412.

② 　Andrew Coulson, *Tanzania: A Political Economy*[《坦桑尼亚：政治经济学》]（Clarendon Press, 1982），p.139。

劳工组织和农村地区的地方参与性组织发起猛烈进攻"①。在重组政党的同时，尼雷尔把一些曾经反对他的公民权与非洲化政策的党领导人输送到政府职位上。但种族问题可没那么容易打发：种族与殖民时期的特权绑在一起，它位于后殖民时期对社会正义的要求的前线。当前任工会领导人、迅速非洲化的主要倡导者塔姆博（Christopher Tumbo）辞去驻英高级专员的职位，并于1962年8月回到坦噶尼喀组建人民民主党（PDP）的时候，反对派明显又卷土重来了。人民民主党的创始成员包括非洲国民大会党的一些活动家在内，它的章程则倡导种族性公民权和非洲化政策。塔姆博谴责新的共和宪章，称其导致总统成为事实上的独裁者。在1963年1月，党的领导人开会讨论了与非洲国民大会党合并的计划。

同一个月，尼雷尔成为坦噶尼喀的第一任总统。在非洲国民联合阵线党的年度代表会议上，尼雷尔宣布了他的计划：引入一党制并使非洲国民联合阵线党的成员资格向所有种族开放。非洲国民大会党和坦噶尼喀穆斯林全国联盟（AMNUT）要求全民公决。② 政府援用预防性拘留法案逮捕

---

① Mwesiga Baregu, "Political Culture and the Party State in Tanzania", *Southern Review*[《南方评论》], Vol. 9, no.1（October 1995）, p.32.

② *Tanganyika Standard* [《坦噶尼喀标准》]（May 9 and January 4, 1963）.

主要的反对派领袖。事态随着尼雷尔指控非洲化是"一种种族差别对待"而于 1964 年发展到了顶点。在一封给政府各部门的信中，他宣布："国家必须使用一切可以使用的技术与经验储备……有技术的人的肤色完全无关紧要……这意味着必须立刻结束公务员雇佣中，在招聘、培训和提拔方面存在的种族差别对待……我们不可能允许什么第一第二等级公民权的成长。非洲化已死。"① 不到两周后，就发生了 1964 年 1 月 20 日那场未遂的军事政变。

　　随后的危机是尼雷尔整个政治生涯中最严重的危机。工会领袖迅速做出回应。铁路工会扬言"不惜以一切代价"抵抗这一变革；地方政府联合会（the local government union）则谴责尼雷尔把国家又带"回到殖民时代"。随后发生了八百人的第一营（First Battalion）领导的哗变。在哗变的第五天，有流言说工会计划与哗变者联合发动总罢工。尼雷尔相信政府处在危机之中，于是他撤销了早先的一个决定并要求英国进行军事干涉。在十二小时内，一支不到六十名英国海军组成的军队对科里托军营发动了攻击。九十分钟后哗变遭到镇压。妇女是最早站出来反对哗变的。对受过教育的女

---

① *Tanganyika Standard*（January 8, 1964）; Listowel, *The Making of Tanganyika*, pp.416-417.

性，特别是对那些有欧洲和亚洲血统的受过教育女性来说，
行政机构为她们提供了少数被雇佣的机会之一。非洲国民大
会党公开反对这样的做法："结了婚的女性在政府和商业部
门工作，而许多非洲男人却没有工作可做，在城镇的街道上
无所事事。"① 来自各个种族的女性在全国妇女联合会领导人
莫哈迈德（Bibi Titi Mohamed）的领导下，游行至政府大楼
表示她们对尼雷尔导师的全心全意的"忠诚、挚爱与效忠"。

哗变甫一流产，军队就遭到重组（英国军官取而代之）；
五十名警察被认为参与了哗变，超过两百名的工会领袖遭到
逮捕。铁路工人工会的塔姆博（Christopher Tumbo）被判入
狱四年，而种植工人工会的姆克罗（Victor Mkello）则被流
放到很远的地方。在哗变的当月，政府便对劳工运动进行了
彻底的重组：坦噶尼喀劳工联盟被解散，非洲国民联合阵线
党控制的工会即坦噶尼喀全国工人联合会（NUTA）被建立
起来以填补坦噶尼喀劳工联盟的位置。基于一党制国家的总
统委员会被设立起来，而一党制国家也随着 1965 年宪法的

---

① 　 National Archives, Accession 561, 17; Cited in Ronald Aminzade, "The
Politics of Race and Nation: Citizenship and Africanization inTanganyika"
（2001）. *Political Power and Social Theory*, vol. 14 （Greenwich, CT: JAI
Press）.

出台而成为一个事实。①

在政治和意识形态上，1961—1964 年关于非洲化的辩论围绕以下两个议题展开：权利和正义。对平等权利的要求是围绕所有公民的形式上的平等而形成的，而对正义的要求则指向公民间实质上的不平等。尼雷尔彻底地拒绝一切基于群体的权利概念，理由是群体权利与殖民时期的种族政策相关，他要求的是个体的权利而非群体的权利。② 然而，对群体权利的要求并非必然是基于种族的。还有基于其他群体——比如说部落、性别和阶级——的不平等。从 1965 年一党制国家设立到 1967 年阿鲁沙宣言的那个时期让我们在两个方面感到充满了讽刺。一是像尼霍尔那样提倡自由主义种族平等观和种族包容性公民权的政党领袖却钟情于非自由主义的措施。尼雷尔经常这样为他向一党制国家方向发展进行辩护，说这会使得坦桑尼亚公民能够选举他们完全支持的政党领导人。但他这样说是不真诚的，因为向一党制国家的发展是在人们群起反对非洲国民联合阵线党政策的时代发生

---

① Annie Smyth and Adam Seftel, eds., *Tanzania: The Story of Julius Nyerere, Through the Pages of DRUM* [《坦桑尼亚：透过〈鼓〉的文字看尼雷尔的故事》] (Kampala: Fountain Publishers Ltd, 1993), pp.100-102. 104-105.

② Julius K. Nyerere, *Freedom and Unity* [《自由与统一》] (Dar es Salaam: Oxford, 1967), p.70.

的。在另一个时代，一个不那么沉重的时刻，尼雷尔是会承认不同的可能性的。在 1977 年 8 月访问美国首都期间，尼雷尔在回应卡特总统的祝酒词时曾评论说："我最近在读一些关于华盛顿总统和他的时代的好书，我得出这样的结论，即年轻国家的问题可能是非常类似的……我怀疑与你们的多党体系相比，他甚至能够更好地理解我的一党体系。"①

　　同样讽刺的是，面对自由主义基于权利对一党制国家的批判，尼雷尔却用一种关于正义的论说——阿鲁沙宣言——来为自己辩护。就像他的左翼批评者②在那个时代清楚认识到的那样，阿鲁沙宣言呼吁的不是基于阶级的正义而是国民的正义；是对所有公民而言的、无论阶级、种族或部落的正义。为了避免某些人会产生错觉，尼雷尔在他为党的学习组准备的材料中警告："[阿鲁沙] 宣言首先是对这一事实的重申，即我们是坦桑尼亚人（Tanzanians）并希望在发展的同时依然是坦桑尼亚人……这是非常重要的，因为它意味着我们不能接受任何政治的'圣经'并试图贯彻它的裁定——无

---

① Nyerere, *Crusade for Liberation*[《为解放而斗争》]（Dar es salaam: Oxford University Press, 1978), p.10.

② 参见 Issa Shivji, *Class Struggles in Tanzania*[《坦桑尼亚的阶级斗争》]（Dar es Salaam: Tanzania Publishing House, 1976)。

论对此裁定有无修正，都是如此。"[①]对尼雷尔来说，阿鲁沙宣言是建国计划的一部分："阿鲁沙宣言和我们的民主制一党体系（democratic single-party system），与我们的民族语言斯瓦希里语，以及一支高度政治化、有纪律的国民军一起，把超过一百二十六个不同部落，变成了一个完整的、稳定的国家。"[②]无论公共论说所用的语言是否援引自由主义或社会主义的价值，尼雷尔首要的政治计划，依然是他在其就职演说中宣布的那个计划，而他在自己的告别演说中，又再次提醒他的听众注意这个计划。这个计划不是要实现民主或社会正义，而是要建设一个主权的中央集权化的民族国家。

　　坦桑尼亚建国历程的第二阶段始于阿鲁沙宣言并贯穿整个村落化（villagization）时期。阿鲁沙宣言发布的那一年，即 1967 年，尼雷尔撰写了另一个政治宣言，即一部题为《社会主义与农村发展》（Socialism and Rural Development）的小册子，在这个小册子中，他号召农民组成乌贾马村落，并

---

　　① 　Mwalimu Julius K. Nyerere, *The Arusha Declaration Teach-In*[《阿鲁沙宣言研讨会》]（Dar es Salaam: The Information Services, 1967）, p.1.

　　② 　Ikaweba Bunting, "The Heart of Africa: Interview with Nyerere on Anti-Colonialism", in Haroub Othman, ed., *Sites of Memory, Julius Nyerere and the Liberation Struggle of South Africa*（Zanzibar International Film Festival, 2007）, p.67.

通过集体性自助来提高他们的生产力和福利。"重要的事情是村社将作为一个集体而耕作并作为一个集体而生活。"在他看来，村落化计划首先是从意识形态的角度，作为"集体性自助"的要求来打造的。但这一计划推行的效果并不好：富农找到了一种利用这个计划的方式。国家以强力回应农民在积极性上的缺乏。反过来，强制进行的村落化又为国家集权化的前进提供了总体语境，于是开始了在地方的层面推进的中央集权化。

显然，在村落化最初的几年里，国家并没有做好足够准备来实施这一计划。《鼓》（The Drum）的一个评论者这样评论道："富裕农民的田地和财产会变成什么样？而且首先，如何能够说服富农加入才刚起步的公共村落？一个乌贾马村落的收入又该怎样分配呢？如何惩罚懒惰的工作者？如何对待私人工作？"到1968年底，全国也只建立了一百八十个乌贾马村落。这些村落大多很小——其规模在三十到四十户之间。对村落的参与仅限于那些对共同劳动有高度政治热情投入的人。在最初的政治兴奋阶段过后，村落化的基础变了，一种非常不同的公共村落应运而生。这些村落经常是由富农发起建立的，它们"只有对共同劳动的最低限度的投入，并且是为得到诸如自来水、学校、诊所等服务设施和其他政府向村落许诺的大规模的基建投资而建的。"在这也走到尽头的时候，政府开始进行强制。这就创造了第三种村落。①

　　政府是在赈灾过程中逐渐开始强制建立村落的——政府官员宣布，原居民点被自然灾害摧毁的农民只有在移居新的村落之后才能得到救济。1973 年 9 月，非洲国民联合阵线党两年一度的会议做出决议，要求到 1976 年底，全部农村人口都应该在村落中生活。② 结果是惊人的。1970 年，坦桑尼亚在村落生活的国民只有五十万多一点，还不到大陆人口的百分之五。到 1974 年，这个数字上升到近两百万，占总人口的百分之十四。在 1973 年强制机制开始实施后的一年里，村民的数目达到了近九百万，或者说，占到人口总数的百分之六十。到 1977 年，在村落生活的人占了大陆人口的约百分之七十九。但强制也带来了灾难性的经济后果。一个数据就能说明这一点：1970 年，坦桑尼亚出口五十四万吨盈余的玉米。到 1974 年，这个国家却被迫进口四十万吨食用谷物，包括三十万吨玉米。在 1970 年和 1975 年间，坦桑尼亚的人均粮食产量跌至它在 1960 年的水平。③

　　村落化在此逆境下却依然向前推进，这一事实本身表

---

①　Smythe and Seftel, eds., *Tanzania: The Story of Julius Nyerere*, pp.146-147.

②　Ibid., pp.146-148.

③　Ibid., pp.148-149.

明，村落化的真实回报是政治的，而不是经济的。村落化是
与国家机器向地方的扩张并行的。讽刺的是，国家机器在地
方的扩张和强化——这是在 1972 年，在强制村落化达到顶
点的时候进行的——却被称为"分权化"（decentralization），
并且是由美国著名的咨询公司麦肯锡公司（McKinsey and
Company）来计划的。实际上，它是一种极端的集权化：它
把国家机器扩张到各个行政区，废除了原住民权力机构，并
使党服从于国家机器。①

　　事实最终证明，强制完成的村落化是坦桑尼亚建国历程
的一个组成部分。尽管强制村落化为中央国家机关向农村地
区的扩张提供了行动纲领，但它也是后殖民地时期民主计划
失败的证明。在未能为被称为"乌贾马"的社会与经济计划
谋得广泛同意的情况下，尼雷尔和国家领导人诉诸了自上而
下的强制，来压制对村落化的任何反对。因而，就此而论，
我们必须对所谓尼雷尔提供了一种改革殖民国家的"和平"
方式的说法有所保留。尼雷尔的洞见在于其把握到，殖民治
理的要害是它的司法与行政——而非军事——机器；如果司

---

　　① "坦桑尼亚 1972 年的分权改革很可能是按照地方长官模型重塑
一个不完整地方长官体系的最广泛的努力。"Goran Hyden, *No Shortcuts to
Progress: African Development Management in Perspective*[《进步没有捷径：
非洲发展管理透视》]（Nairobi: Heinemann Educational Books, 1983），p.90.

法与行政机器没有得到改革的话，那么，殖民国家就会继续存在，哪怕殖民军队、警察与监狱官员已经撤出了坦桑尼亚。我已经说过，尼雷尔建国计划的发展分两个阶段：第一个阶段聚焦于种族这个政治身份，第二个阶段则聚焦于部落这个政治身份。在这两种情况下，在未能得到充分的民众支持来实现建国计划的时候，他都从不畏惧使用直接的武力。就此而言，尼雷尔的坦桑尼亚建国计划，必须被看作是一种不仅基于同意而且也基于强制的混合治国术的结果。

　　在强制村落化对农村经济造成严重破坏的时候，国家转向外国捐赠者，邀请每个捐赠机构"认领"一个区域以促进其"发展"。① 尼雷尔在 1985 年 7 月的告别演说中回顾了这一过程中的重大事件："在 1972 年，在行政人员的地方化取得一定进步的情况下，我们将中央政府的行政工作分权至地、区的层级（Regional and District level），同时废除了旧有的地方政府体系。在 1975 年，通过《村落化法案》（Villagization Act），我们为村政府（Village Governments）奠定了基

---

　　① "因为坦桑尼亚与许多国家保持了良好的关系，每个地区才会有可能找到一个捐赠机构来'接手'，这个捐赠机构将自行制定该区域的发展计划——也有些机构没有参与具体计划——并提供发展资金。"Goran Hyden, *No Shortcuts to Progress: African Development Management in Perspective*, p.91.

础。"他接着补充道："但到 1982 年的时候，我们意识到我们在废除地方政府问题上犯了一个重大错误；本议会因而通过了在地、市层级（at District and Urban level）重建地方政府的立法，其他体制则基本原封不动地保留了下来。"[①] 未被触动的体制是那些取代殖民时期原住民权力机构的体制。

改革也创造了一个单一的、整合的司法结构。殖民时期融行政与司法功能于原住民权力机构之一体的做法被废除，民法与习俗法的分离也同样被废除。[②] 一系列不同来源的素材共同铸造了一部新的实质性法律：殖民时期的法律（民法和习俗法）、前殖民时期的习俗和反殖民斗争的传统。尼雷尔对此发展深感自豪，他在他的告别演说中告诉议会："这是一个世俗国家……包含在新宪法中的《权利法案》宣布一切种族的

---

① "Passing on the Tongs", excerpts rom a speech by Mwalimu Julius K. Nyerer, to Parliament in Dar es Salaam on July 29, 1985, in Tanzania Standard (Newspapers) Ltd., *Nyrere 1961-1985*, p.54.

② "地方执法已经和行政分开了，现在，所有地方法官在开始履行他们的职务之前都必须经过基本的训练，政府任命的地方执法官越来越多，它也尽可能多地建立可为每个人所用的、充足的法庭。"Jogn P.W.B McAuslan and Yash P. Ghai, "Constitutional Innovation and Political Stability in Tanzania: A Preliminary Assessment", in Lionel Cliffe and John S. Saul, *Socialism in Tanzania*[《社会主义在坦桑尼亚》], vol. 1: Politics (Dar es Salaam: East African Publishing House, 1972), p.199.

或部落的或宗教的差别对待都是非法的。我们现在是由在理论上和实践上都在法律面前绝对平等的公民构成的国家了。"①

作为"国父"（father of the nation），尼雷尔被视为国家理由（raison d'état）的化身。这个国家理由的一部分，即是民族国家对主权的宣示。面对超级大国的野心与势力扩张，尼雷尔坚持做出这一宣示。他从不放弃诉诸国家的主权平等的机会，特别是在与苏联和美国的官员打交道的时候。俄国科学院的一名成员这样回忆苏联 1968 年干涉后在苏联驻达累斯萨拉姆使馆与尼雷尔的一次见面："他［尼雷尔］接着指出，坦桑尼亚坚定地相信应严格遵循联合国宪章，特别是它的主要原则：即不干涉他国内政并尊重其主权完整。他强调所有国家，包括那些大国，都应该无例外地遵循这一原则。然后，他回忆了坦桑尼亚在美国入侵越南问题上采取的原则立场。"②十年后，在卡特当选总统后，尼雷尔

---

① "Passing on the Tongs", excerpts rom a speech by Mwalimu Julius K. Nyerer, to Parliament in Dar es Salaam on July 29, 1985, in Tanzania Standard (Newspapers) Ltd., *Nyerere 1961-1985*, p.52.

② Arkadi Glukhov, "The Fateful August of 1968, Hot Summer in Dar es Salaam, A Political Profile of Julius Kambarage Nyerer", Russian Academy of Science, Institute for African Studies, *Julius Nyerere: Humanist, Politician, Thinker*［《尼雷尔：人道主义者，政治家，思想家》］, trans. B.G.Petruk,（Dar es Salaam: Mkuki na Nyota, 2005），pp.46-47.

成了第一位访问华盛顿的非洲国家首脑。在卡特当选总统的1977年的8月，尼雷尔在回应卡特总统所发表的祝酒词时，试图在呼应他的东道主的同时，表明对于超级大国的野心应予以长期关注："如果你不介意的话我就直说了：在丛林法则依然盛行的地方，侏儒对巨人很有戒心……你进白宫，总统先生，并没有改变丛林法则，但我们的戒心，因为你进白宫而大大减弱了。"①

我已经说过，应该首先将尼雷尔看作是一个建国者而不是一个民主主义者或一个社会空想家。对当下这代人来说，一个政治事实足以照亮尼雷尔导师的开创性政治成就。这一成就在殖民时期的法律与行政实践的背景下熠熠生辉。我们已经看到，实行间接统治的国家把它治理下的人口辨认为一个群体——或者一个种族或者一个部落——的成员。权力和义务被归属于群体而非个体。在涉及政治领域的时候，惩罚也是分配给群体而非纯粹个体的。毫不奇怪，在法律与行政秩序未受触动的地方，在独立时引进代议制政治制度只会强化此类习惯做法。面对日益增长的政治反对，辨认个体反对者所属的种族或部落，以他们的种族或部落为行动目标，变

---

① Nyerere, *Crusade for Liberation*（《为解放而斗争》，Dar es Salaam: Oxford University Press, 1978），pp.11, 13.

成了一种惯例（convention）。这种惯例创造了一种以种族清洗和极端暴力为标志的区域政治环境。这个大趋势有一个例外：坦桑尼亚大陆（mainland Tanzania）。而这方面的政治功绩，我相信，要归于尼雷尔导师。尼雷尔的成就——对一种共同公民权和一种基于法律的秩序的创造——最终是否能够长存下去，将取决于后代塑造一种超越民族国家的政治、一种能够实现社会正义的政治的本领如何。然而，这已经超出这本小书所要讨论问题的范围了。

致　　谢

前亚的斯亚贝巴大学副校长 Andreasm Ashete 教授促使我用比较方式进行思考。关于罗马帝国的文献，我得益于哥伦比亚大学历史系的 Marco Maiuro。感谢我在哥伦比亚大学人类学系的研究生 Lilianne Fann 使我注意到有关"亚达特法"的文献。哥伦比亚大学历史系研究生 Doris Carrion 在编辑和图书方面助我良多。由于坎帕拉的马凯雷雷社会研究中心（Makerere Institute of Social Research in Kampala）的 Doreen Tazwaire 和哥伦比亚大学国际事务和公共学院的 Tarik Chelali 帮助我处理日常事务，我才有时间完成这些讲座。

我将这些讲座献给亲爱的 Mira，Zohran
和我心中的 Wawa（出自古吉拉特语词 wawa-
jodu，"自然的魅力"）。

索　引

责任编辑：林　敏
版式设计：王欢欢
封面设计：石笑梦

图书在版编目（CIP）数据

界而治之：原住民作为政治身份／（乌干达）马哈茂德·马姆达尼著；
　　田立年译．—北京：人民出版社，2016.12
（亚非拉现代思想文丛／陈光兴，高士明主编）
书名原文：DEFINE AND RULE: Native as Political Identity
ISBN 978－7－01－016935－4

I.①界…　　II.①马…②田…　　III.①殖民统治－研究－乌干达
　　IV.①D742.6

中国版本图书馆 CIP 数据核字（2016）第 269092 号

界而治之：原住民作为政治身份

JIEERZHIZHI YUANZHUMIN ZUOWEI ZHENGZHI SHENFEN

（乌干达）马哈茂德·马姆达尼　著　田立年　译

人民出版社 出版发行
（100706　北京市东城区隆福寺街 99 号）

北京中科印刷有限公司印刷　新华书店经销

2016 年 12 月第 1 版　2016 年 12 月北京第 1 次印刷
开本：880 毫米 ×1230 毫米 1/32　印张：6.25
字数：110 千字　印数：0,001－3,000 册

ISBN 978－7－01－016935－4　定价：28.00 元

邮购地址 100706　北京市东城区隆福寺街 99 号
人民东方图书销售中心　电话：（010）65250042　65289539

北京市出版外国图书合同登记号：01-2016-7453